目录

Contents

01 晴天霹雳——波兰闪击战/1
02 乾坤逆转——敦刻尔克大撤退 / 12
03 哭泣的凯旋门——法兰西战役 / 25
04 血洒长空——不列颠之战 / 36
05 沙漠旋风——昔兰尼加会战 / 48
06 十面埋伏——基辅合围战 / 58
07 血染的半岛——克里米亚会战 / 68
08 一寸河山一寸血——淞沪会战 / 75
09 中华扬威——台儿庄大捷 / 87
10 持久抵抗——百团大战 / 99
11 平地惊雷——偷袭珍珠港 / 107
12 冬天的神话——莫斯科保卫战 / 116
13 短兵相接——斯大林格勒会战 / 125

14 折戟沉沙——中途岛海战 / 139
15 血肉之路——瓜岛争夺战 / 147
16 “沙狐”覆灭——阿拉曼会战 / 158
17 非洲军团的末日——突尼斯会战 / 167
18 铁甲搏杀——库尔斯克会战 / 175
19 击垮墨索里尼——西西里岛登陆战 / 187
20 突破“大西洋壁垒”——意大利战役 /195
21 打开胜利之门——诺曼底登陆 / 203
22 折戟沉沙——莱特湾海战 / 216
23 胜利之门——血战硫磺岛 / 228
24 破门之战——冲绳岛战役 / 242
25 帝国覆灭——柏林战役 / 252
26 罪有应得——核击日本 / 262

的希特勒已彻底露出了他的狰狞面目，也就是从这个时刻开始，让亿万人血流成河的第二次世界大战正式拉开了帷幕。

一、战争前奏

1933 年，希特勒通过竞选登上了德国总理的宝座。在国内，他迅速改变了濒临崩溃的德国经济；在外交上，这个野心勃勃的独裁者，在执政不到两年的时间就公然违反了《凡尔赛和约》，依靠宣扬报复《凡尔赛和约》使德国崛起。

1935 年，希特勒下令征兵；

1936 年，他进军莱因兰；

1938 年，他夺取了奥地利；要求得到而且果然得到了苏台德区；

1939 年 3 月，他占领了残存的捷克斯洛伐克。

出人意料的是，面对希特勒的这些违规之举，英、法两国只是眼睁睁地看着，并且无动于衷。希特勒的这些强横手段使他赢得了巨大的声望，特别是外交上的成功，让德国彻底脱离了《凡尔赛和约》所带来的耻辱。在国内，他就是上帝的化身，是德国的救星。希特勒显然是知道这一点的，当德国成功地吞并捷克斯洛伐克以后，他兴奋地冲进了自己的办公室，高声叫道："孩子们！这是我平生最伟大的一天，我将以最伟大的德国人而名垂青史！"

然而，希特勒的野心远远没有满足。1939 年 3 月 21 日，也就是吞并捷克斯洛伐克后的第七天，希特勒要求波兰归还但泽走廊。就像萨拉热窝的那声枪响，希特勒的要求，已经点燃了第二次世界大战的导火线。

其实早在 1938 年希特勒的国会演讲中，希特勒是向西方国家做过保证的，他信誓旦旦地说道："德国对但泽走廊是没有要求的。"当然，希特勒的话还是有一点儿可信度的，那就是：在 1938 年，德国对但泽走廊确确实实是没有要求的。

01 晴天霹雳

——波兰闪击战

◇ ……………

1939年8月31日夜晚，几声枪响打破了德国边境城市格莱维茨的平静。一支身着波兰军装的队伍突然闯进了格莱维茨市的广播大楼，在播音器前开了几枪之后，用波兰语广播了一篇宣称“波兰对德国开战”的讲话稿。随后，几个身着波兰军装的人被带了过来，被同样身着波兰军装的前一批“侵入者”开枪打死。

很显然，这是一个阴谋。被枪毙的其实只是德国的一些刑事犯，而枪毙他们的，则是德军党卫队。他们就这样拙劣地制造了一个德国军队被迫自卫反击的“现场”，演出了一幕贼喊捉贼的把戏。而这一把戏的幕后指使者，不是别人，正是希特勒。

随后，希特勒便在广播里大肆宣称：“德国已遭波兰的入侵，德军已开始自卫反击，从现在起，我们将以炸弹回敬炸弹！”此时现在，德国又提出了对但泽走廊的领土要求，着实让西方舆论一片哗然，他们现在才了解到，希特勒的保证是多么的不值一文。虽然但泽走廊在第一次世界大战以前是属于德国的，但是《凡尔赛和约》已经把它割让给了波兰。最重要的是，但泽虽小，可它是一个港口城市，也是波兰的唯一出海口，没有它，波兰只能算一个内陆国家。

希特勒要求波兰归还但泽走廊的建议，当即就遭到了波兰的严词拒绝。希特勒可不是一个有耐心的家伙，在他的建议被拒绝后，他下令要求陆军统帅部立即制订一个入侵波兰的作战计划。

元首的话就是圣旨，没几天工夫，德国陆军统帅部就把进攻计划给捣鼓出来了，该计划就是著名的“白色计划”。

而其实波兰人也是有自己的小算盘的，他们根本没把德国人的威胁太当一回事儿。波兰人早就把军队平行地部署在德波边境，并计划先在西边挡住德国的攻势，在北边夺取德国的东普鲁士，等待英、法在西线发起攻击，东西夹击，预计在一个月内打败德国……

二、全面爆发

由于德国政府对波兰不断施压，1939 年 4 月 3 日英、法正式结成军事同盟，并承诺给予波兰军事上的保护。得到这一纸保证的波兰政府，不免有些自得。另一方面，开战前，希特勒为了迷惑波兰，在整个 1939 年夏天，德军在东部德波边境只是修筑一条贯穿整个边境的防御工事。各支部队轮番挖土修工事，在整个漫长而又炎热的夏季，对面全副武装高度戒备的波兰士兵只能看到德国士兵在光着膀子掘土作业。久而久之，波军便被德军的假象所麻痹。

直到战争爆发的前一天，也就是 8 月 31 日，迷惑行动依旧有条不紊地进行着。8 月 31 日晚炎热依旧，波兰军队除了日常巡逻人员，其余的早早就进入了梦乡，而这里面的大多数再也没有机会看见第二天的太阳了。

9月1日凌晨3时，德国空军基地灯火通明。

突然间，睡眼惺忪的飞行员被刺耳的紧急集合铃声吵醒，地勤人员也在忙碌地为各种型号的战机做最后的检查。

最高统帅部电令："执行白色作战计划!"

9月1日凌晨4时45分，随着第一架轰炸机引擎所发出的刺耳轰鸣声，数十个机场的战机几乎在同一时刻腾飞升空，朝着波兰国境方向飞去，并很快消失在茫茫夜色之中。

10分钟后，德国轰炸机群对波兰的军火库、部队集结点、桥梁、铁路线进行了第一轮轰击。

在第一时间，波兰的指挥、交通系统陷入瘫痪，大地上地动山摇，一片火海。仅仅几分钟的时间，波兰人便第一次痛苦地品尝了人类历史上首次大规模的空中轰炸的滋味。

与此同时，德波边境上万炮齐发，炮弹如暴雨般倾泻到波军阵地上，打得波军晕头转向，溃不成军。大约一小时后，德军地面部队从北、西、西南三面发起了全线进攻，直奔波兰境内。同时，停泊在但泽港外伪装友好访问的德国战舰"霍尔斯坦"号也突然向波军基地开炮。

就这样，波军在完全猝不及防的情况下，500架第一线飞机还没来得及起飞就被炸毁在机场，无数火炮、汽车及其他辎重来不及撤退便被摧毁，部队陷入一片混乱。

仅仅几个小时之后，希特勒便兴奋地向国会宣布：“帝国军队已攻入波兰，德国进入战争状态。”他还宣称，“从现在起，我只是德意志帝国的一名军人，我又穿上这身对我来说最为神圣、最为宝贵的军服。在最后的胜利到来之前，我决不脱下这身军服，要不就以身殉国。”希特勒的演说激起了议员们一阵阵狂热的欢呼，法西斯德国从此滑入了无边的战争深渊。

而波兰的悲剧也正式开始了。

三、奇兵突袭

波兰总司令——斯米格威·雷兹元帅是一个参加过第一次世界大战的老牌军官，他对一战中的战术理论非常精通。而波兰军队的作战理论正是一战的模式，把军队一字长蛇式地平行部署，这种部署能在第一时间发挥最大的火力威力。在阵地战中，这样的部署尤为有效，敌方发动冲锋的步兵，根本不可能在如此强烈的火力网中存活。

但有一支部队，却如入无人之境，在战斗方兴未艾之际，这支部队在波兰的防线上撕开了一道道口子，而后，潮水般地涌了进去，并很快消失在了夏季的晨雾之中，消失在了所有还在战斗的双方士兵的视野之中。

这便是闪电战之父——德国古德里安将军新组建的装甲部队。波兰战役成了德国陆军实验其新理论的最佳战场，在第一天的战斗中，他所指挥的部队就急速越过国境线，并很快突入波境，在打穿波兰军队没有纵深的防线后，这些装甲师并不停留，而是直插而入。古德里安将军认为，装甲部队所追求的只有两个字——速度。由古德里安将军指挥的德军坦克师和摩托化师，从几个方面切入波兰腹地，在波兰平原上横冲直撞，如入无人之境。

德国人如此奇怪的战术，不免使波军大吃一惊，尽管许多部队电话线路以及指挥中心在空袭中遭到严重破坏，但是波兰的统帅部仍旧收到了前线传来的战斗报告，该报告指出：“德国军队正在国境线与我军激战，但是他们的坦克车已经驶进我军防线的纵深，并且消失不见了。”

面对这样的报告，斯米格威·雷兹元帅只是淡淡一笑：“胡扯，没有步兵的掩护，光是坦克冲进来有什么用。”

但是，随着诸如此类的报告增多，斯米格威·雷兹元帅才隐隐约约感觉到了事情的严重性。虽然他暂时还摸不透德国军队如此战术的目的是什么，可他毕竟是参加过第一次世界大战的老兵了，为了谨慎起见，他命令：在后方的预备队加紧搜索德军装甲部队的去向。前线作战部队则得令：坚守阵地，阻止德军的推进。

可是仅仅这样做是不够的。德军突破波军防线之后，以每天 50 千米到 60 千米的速度向波兰腹地突进。这在当时是一种足以令人瞠目结舌的进军速度，可谓是人类战争史上空前规模的机械化部队大进军。9 月 3 日，古德里安的装甲军已经突入到波兰腹地 150 千米处，在当天下午，古德里安的装甲军完成了对国境线上仍在鏖战的波兰军队的包围，并很快建立了一条封锁线。

而那些往前线增援的波兰军队根本不知道德国的装甲部队已经绕到了他们的背后。一个波兰炮兵团正沿着公路往前线挺进，正巧碰上德国坦克也正沿着公路急驶，他们惊慌失措，不知道这些德国部队是从哪里冒出来的。在战斗过程中，他们只有两门炮曾经有过发射的机会，随后就被德军歼灭。

德军如此神速的进展让斯米格威·雷兹元帅大惊失色，他明白了，他所面临的是一个前所未有的强敌，他的师团已经被包围在长长的国境线上，包围圈里的波军已经成了一块美味的夹心饼干。

这位忧心忡忡的老元帅没辙了，只得立即发电报向法国人求救，并询问他们何时才能给予有效的军事援助。

四、各国围观

德国的袭击很突然，西方国家对这一切的发生毫无准备。

英国人显然是被德国的做法激怒了，外交措辞却很老调，表示了强烈的抗议，并认为德国的做法深深伤害了英国人民的感情……

法国人一切向英国政府看齐，表示了强烈的抗议，并认为德国的做法深深伤害了法国人民的感情……

巴黎各大报刊把德国入侵波兰的消息作为头条刊载，百无聊赖的巴黎市民突然有了谈资，塞纳河畔的咖啡店一下就人满为患了。

美国打那时候起就表现出了强烈的人道主义精神，罗斯福总统呼吁交战双方不要轰炸无辜平民和“未设防城市”。

……

需要指出的是，法国和波兰曾在 1939 年 5 月签订过一个协议，在协议中，法国承诺会在波兰被入侵后 15 日内加入战争，援助波兰。而英国和波兰也曾在 1939 年 8 月 25 日签订条约，互为军事盟友。而现在，眼看着波兰已经羊入虎口了，英、法两国自然也无法坐视不管。斯米格威·雷兹元帅希望法军能在西线发动一次强有力的进攻，迫使德军调兵回防，这样波兰方面的军事压力自然也就减轻了。

很快，“同盟国”法国就有了行动。

法国人实际是怎么做的呢?

是的，法国军队确实发动了进攻，但推进了几千米后就停了下来，理由倒是很充分：“给予德国人撤退的时间”。在更多的地段上双方是没有战斗的，据外国记者回忆：双方军队在距离不远的地方修筑工事，枪放在地上，在休息的时候还互相点头微笑。呵，就差互相敬烟了。

英国军事史家富勒写道：“当波兰正被消灭之时，西线也正发生了一场令人惊奇的冲突。它很快就被称为‘奇怪的战争’，而更好的名称是‘静坐战’。”他更是无不悲观地说：“‘在东方的战斗不断传来噩耗的情况下，世界上最强大的法国陆军，对峙的不过是

46个不满员的德国师，而且全是步兵师，却毫无作为，躲在钢骨水泥的工事背后静静坐着。眼看着一个堂吉诃德式盟友被人消灭了’。”

五、惊人溃败

没有了期望的英、法援军，“战争在3个星期内就会结束。”百姓和普通军人们都这样说。

德军闪电式的进攻使波军完全陷入了被动挨打的境地，这是波兰人，也是全世界第一次领教“闪击战”的滋味。

波军在德军高速度大纵深的推进下不是被歼灭就是被分割包围，成为留在德军后面的孤军，抵抗迅速土崩瓦解。

9月6日，波军所有部队撤至维斯瓦河以东，波兰政府当日仓皇撤离华沙迁往卢布林。此时大局已基本决定。冯·伏尔曼上校对希特勒说：“剩下来的只不过是打一只兔子，从军事角度看，战争已经结束。”

9月17日，德军在完成对华沙的合围后，限令华沙当局于12小时内投降。9月18日，德国第19装甲军歼灭了逃避而至的波军溃败之师。此时的波军已经被打得晕头转向，支离破碎，波军总司令斯米格威·雷兹元帅已完全失去对部队的控制，整个波兰军队陷入一片混乱之中。而懦弱的波兰政府和波军统帅部在这个时候却溜之大吉，越过边界逃往罗马尼亚。

此举正好给了在东面虎视眈眈已久的苏联政府一个很好的借口。

其实在8月23日，德国就与苏联签订了《苏德互不侵犯条约》。并且私底下，双方还签订了共同瓜分波兰的秘密议定书。

现在，波兰政府既然已经跑到了国外，终于使苏联找到了“体面”出兵波兰的借口。苏联政府宣称：“由于波兰政府不复存在，因此《苏波互不侵犯条约》不再有效”，“为了保护乌克兰和白俄罗斯少数民族的利益”，苏联决定进驻波兰东部地区。9月17日凌晨，苏联白俄罗斯方面军和乌克兰方面军分别在科瓦廖夫大将和铁木辛哥大将的率领下，越过波兰东部边界向西推进。

9月18日，德、苏两国军队在布列斯特·力托夫斯克会师。9月26日，德国空军开始轰炸华沙。9月27日，华沙守军停止抵抗。9月28日，华沙守军12万人投降，守军司令向德第八集团军司令布拉斯科维兹上将正式签署了投降书。至10月2日，波兰进行抵抗的最后一个城市格丁尼亚停止抵抗。就这样，第二次世界大战爆发后的第一个战役仅用了一个月的时间就结束了。

值得注意的是：在此次战役中，德军亡1.06万人，伤3.3万人，失踪3400人。波军亡6.6万人，伤13.3万人，被俘69.4万人。相比于双方悬殊的实力，可以看出德军的伤亡比例是相当高的。这当然要归功于波兰人民的顽强抵抗，虽然这样的抵抗对整个战局起不了多大作用，但是波兰人民已经证明自己面对法西斯时的英勇无畏。

随着为期一个月的波兰战役落下帷幕，枪炮声渐渐停止，波兰大地重新回复了平静。然而一个主权国家已轰然倒下，不复存在了。德军与苏军达到了一条线上戛然而止，此时西方还在期待两个“法西斯”继续开战……然而无情的事实证明，这是痴人说梦。当绅士的英国人还在推行所谓的和平绥靖、浪漫的法国人还在纳塞河的咖啡馆里争论波兰战役的谈点时……明白人都能从戈培尔那狡诈的面容中看出他想说的话：不要着急，很快就轮到你们了。

果不其然，是年希特勒签署了威塞演习计划，德国的战车又一次启动了……

02 乾坤逆转
——敦刻尔克大撤退

◇ ……………………

这是一支古怪的“无敌舰队”：有颜色鲜艳的法国渔船，有运载乘客的旅游船，还有维修船拖驳、小型护航船、扫雷艇、拖网渔船、驱逐舰、救援船、雷达哨船……

这支极为离奇、难以形容的船队，由各色各样的英国人、法国人驾驶着。他们中有银行家、牙科医生、出租汽车司机、快艇驾驶员、码头工人、少年、工程师、渔夫和文职官员……他们中有面肤娇嫩的海上童子军和古铜色皮肤映着苍苍白发的老人；他们中很多人明显是穷人，他们没有外套，穿着破旧的毛衣和卫生衫；他们有的穿着有裂缝的胶鞋，在海水和雨水中浑身湿淋淋的，彻骨的寒风中他们饥肠辘辘……

这只奇怪的船队在炮火的轰击下，没有武装、没有护航，但勇敢的人们却迎着枪林弹雨和硝烟烈火，在漂着沉船的海面，灵活地向前行驶着，明知前方是地狱，他们也毫不畏惧。这支勇往直前的船队为了怎样的目的奋勇向前呢？

一、绝境博生

纳粹德国1940年5月10日开始进攻西欧。当时英国、法国、比利时、荷兰、卢森堡拥有147个师，300多万军队，兵力与德国实力相当。但法国战略呆板保守，只把希望寄托在他们自认为固若金汤的马其诺防线上，对德国宣而不战。在德、法边境上，只有小规模的互射，没有进行大的战役，出现了历史上有名的“奇怪的战争”。

然而，德军没有攻打马其诺防线，他们首先攻打比利时、荷兰和卢森堡，并绕过马其诺防线从色当一带渡河入法国。德国法西斯的铁蹄不久又踏入荷兰、比利时、卢森堡。

5月21日，德军直趋英吉利海峡，把近40万英法联军围逼在法国北部狭小地带，英法联军只剩下敦刻尔克这个仅有万名居民的小港可以作为海上退路。

形势万分危急！敦刻尔克港口是个极易受到轰炸机和炮火持续攻击的目标；如果40万人从这个港口撤退，在德国炮火的强烈袭击下，后果不堪设想。

英国政府和海军发动大批船员，动员人民起来营救军队。他们的计划是力争撤离3万人。

对于即将发生的悲剧，人们怨声载道，争吵不休。他们猛烈抨击上层的无能和腐败，但仍然宁死不惧地投入到撤离部队的危险中去。这支船队中有政府征用的船只，但更多的是自发前去接运部队的人民。他们没有登记过，也没有接到命令，但他们有比组织性更有力的东西，这就是不列颠民族征服海洋的精神。一位亲身投入接运部队的英国人事后回忆道："在黑暗中驾驶是危险的事。阴云低垂，月昏星暗，我们没带灯，也没有标志，没有办法辨别敌友。在渡海航程一半还不到时，我们开始和第一批返航的船队相遇。我们躲避着从船头经过的船队的白糊糊的前浪时，又落入前面昏暗的船影里。黑暗中常有叫喊声，但不过是偶然的喇叭声而已。我们'边靠猜测边靠上帝'地航行着。"

等着上船的士兵富有纪律性。他们为撤离已战斗了3个星期，一直在退却，经常失去指挥，孤立无援。他们缺少睡眠，忍饥挨渴，然而他们一直保持队形，直至开到海滩，仍服从指挥。这些疲惫的士兵步履蹒跚地跨过海滩走向小船；大批的人马冒着轰炸和扫射涉入水中，前面的人水深及肩，他们的头刚好在扑向岸边的波浪之上，直至齐肩深他们才上到船上。从岸上摆渡到大船去的小船因载人过多而歪歪扭扭地倾斜着，一些大船不顾落潮的危险差不多冲到了岸上……

沙滩上有被炸弹击中的驱逐舰残骸、被丢弃的救护车……

这一切都辉映在红色的背景中，这是敦刻尔克在燃烧。没有谁去扑火，也没人有空去救火……

到处是地狱般可怕的喧闹场。炮兵不停地开炮，炮声隆隆，火光闪闪，天空中充满嘈杂声、高射炮声、机枪声……人们不可能正常说话，在敦刻尔克战斗过的人都有了一种极为嘶哑的嗓音——一种荣誉的标记“敦刻尔克嗓子”。

这支杂牌船队就在这样危险的情形下，在一个星期左右时间里，救出了33.5万人。

这就是举世震惊的奇迹——敦刻尔克大撤退。

二、偷天换日

早在5月19日，英国就预见到失败已成定局，战时内阁指示海军部制订组织远征军撤退的计划，代号“发电机行动”。该行动由多佛尔军港司令海军中将伯特伦·拉姆齐全权指挥，计划从法国沿岸的加莱、布伦和敦刻尔克3个港口每天撤退一万人，并为此集中了30艘渡船、12艘扫雷舰。拉姆齐同时建议加强空中掩护力量，但英国空军战斗机司令部司令休·道丁上将表示只有在满足保卫本土的前提下，才能派出战斗机前往敦刻尔克。

5月26日晚6时57分，英国海、军部下令开始执行“发电机行动”。此时形势比制订计划时更险恶，原准备使用的法国3个港口只有敦刻尔克可以利用，布伦和加莱分别于23日和27日被德军占领。

30万英法联军唯一的生路，就是敦刻尔克及其附近40千米海岸线。敦刻尔克是一座历史悠久的古城堡，自公元9世纪以来一直是法国北部重要港口，1939年以吞吐量计为法国第三大港，拥有7个供大型船只停泊的深水泊位，4个干船坞以及8千米长的码头，港口航道经过疏浚，大型船只能够自由进出，完善的防波堤和凸式码头可以有效抵御英吉利海峡的狂风大浪。如果这些港口设施能够充分利用，30万英法联军完全可以在短短几天之内携带全部装备安全登船。但两个星期以来，该地区一直遭到德军猛烈轰炸，4个船坞全部被毁，8千米长的码头被炸成一片废墟，甚至敦刻尔克大半个市区也在空袭中被夷为平地。唯一还可以供船只停泊的只有一条不足1200米长的东堤，而且还是由木桩木板搭起来的，非常简易，宽度最多只能8个人同时并排通行，只有在靠海一面有个混凝土的柱子，设有灯塔，堤岸周围有一些木桩，紧急时也能系泊船只，但是水流较急，船只停靠时有一定危险。

附近海岸线没有港口设施和防波堤，离海岸不远有一条与岸平行的深水航道，和敦刻尔克港区航道相连，但这条航道水流湍急，暗礁密布，航行时相当危险。

拉姆齐组成了一个精干的指挥班子，总共只有16人，来组织这场有史以来最复杂、最危险的海上撤退。拉姆齐负责全面指挥协调，韦克沃尔海军少将负责指挥在英吉利海峡的航行，威廉·坦南特海军上校负责指挥敦刻尔克港和海滩登船事宜，杰克·克劳斯汤海军中校则负责指挥最关键的东堤。坦南特上校特意用香烟盒中的锡纸剪了SNO三个字母贴在钢盔上，以表示自己是负责指挥撤退的海军最高军官。坦南特上校率领12名军官和150名士兵，领导组织30万人的海上撤退，他在这场海上撤退中，表现异常出色，因此在1944年诺曼底登陆中，被委以重任，那时他已晋升为海军少将，负责领导登陆准备中最艰巨的人工港和海底输油管道工程建设，为登陆成功立下汗马功劳。

5月26日晚，即“发电机行动”的第一个晚上，在海军努力下，首批1312人，主要是后勤部队，顺利离开敦刻尔克回到英国。撤退行动一开始，就不可能再有机密可言，加之形势紧急，英国海

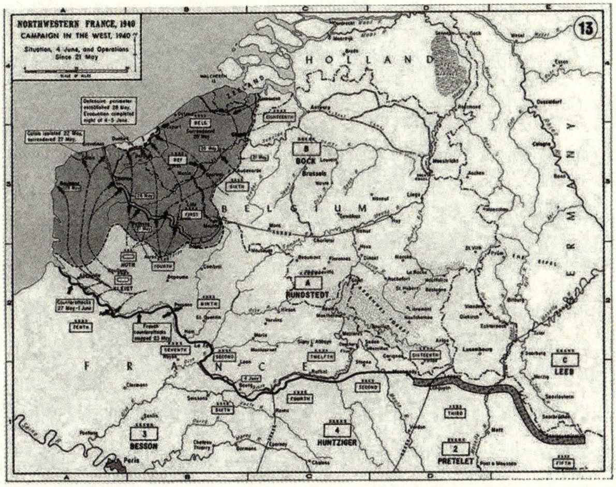

军部开始在沿海和泰晤士河沿岸征用船只，甚至通过广播呼吁所有拥有船只的人前往敦刻尔克。这些船主非常明白撤出远征军对于英国意味着什么，所以积极响应海军部的呼吁，驳船、拖船、货船、客轮、渔船、汽艇乃至私人游艇，都纷纷出海，驶往敦刻尔克。先后有 693 艘英国船只和 168 艘法国、荷兰和比利时船只，共 861 艘各种船只加入救援行列。他们主要从英国南部的 6 个港口出发，这 6 个港口是希尔内斯、马加特、多佛尔、纽黑文、福克斯通和拉姆斯格特，在敦刻尔克接上英法联军官兵后再返回英国。

5 月 27 日，德国空军第 3 航空队和第 2 航空队大举出动，对敦刻尔克港区和海滩进行了猛烈轰炸，总共投下 1.5 万枚高爆炸弹和 3 万枚燃烧弹，敦刻尔克几乎被夷为平地，英国空军从本土起飞 200 架次战斗机竭尽全力掩护海滩上的登船点和执行运输任务的船只，尽管英机没有能阻止德机对敦刻尔克的空袭，但却给德机以沉重打击，仅德军第 2 航空队就被击落 23 架，空勤人员死 64 人，伤 7 人，损失超过最近 10 天的总和！因此这一天被德军称为“灾难的一天”。而英机只损失 11 架。

英国海军也全力以赴，抽调 1 艘巡洋舰、8 艘驱逐舰和 26 艘其他舰艇前来，这是英国海军自开战以来第一次用军舰来运输人员，满载着官兵的军舰吃水很深，甚至还有几分倾斜，海军官兵凭借着高超的操舰技术，全速通过海浪滔天、弹如雨下的英吉利海峡。

三、众志成城

这一天，尽管英国海、空军竭尽全力，但由于缺乏小型船舶，无法迅速将人员从海滩接到停泊在近海的大型船只，撤退速度很慢，全天只撤出了 7669 人。

当晚，德国海军潜艇、鱼雷艇和扫雷艇也从刚占领的荷兰和比利时的港口出动，企图借助夜色掩护攻击担负撤退任务的英国船只。希特勒也取消了装甲部队停止前进的命令，命令英法联军最为胆战心惊的装甲师再度投入战斗。

地面上，德国陆军步兵正利用比利时投降的机会，从比利时军防区直扑敦刻尔克。英法联军眼看已没有部队可以前往阻截，敦刻尔克危在旦夕！英军第 3 步兵师在师长蒙哥马利的指挥下，以出色的机动巧妙突出德军包围——全师分乘 600 辆军车，在所有军车的减速器上都涂上一层反光油漆，用隐蔽在后挡泥板下的小灯照亮，后一辆车的司机就利用这点亮光紧跟着前一辆车，整个车队则关闭大灯，实行严格灯火管制，乘着夜色悄然撤出。为防意外，蒙哥马利还在十字路口和容易迷路的拐弯处设置了交通纠察哨，指挥车队行进——就这样，第 3 师夜行军 60 千米，成功跳出了德军合围，并在 28 日凌晨赶到德军前面，组织起坚固防线，有力保障了敦刻尔克的安全。蒙哥马利也因此显示出优秀军事才干而开始崭露头角，在撤回英国后升任第 2 军军长，从此开始在战争中大显身手，成为二战中英军最著名的将领。

5 月 28 日上午，敦刻尔克地区大雾弥漫，德国空军在戈林的严令下，不顾恶劣天气的影响，出动两个轰炸机大队，到达敦刻尔克之后，终因能见度太差，被迫带弹返航。而英军则利用这一时机，抓紧组织官兵撤退，由于港口损毁严重，海滩的作用越来越大，官兵们每50人一组，每组由一名军官和一名水手带领，以组为单位从海滩下海，涉过逐渐加深的海水，登上小船，再乘小船摆渡到距离海岸较远的大船，撤回英国。

下午，德军不断以3至5架飞机组成的小编队对敦刻尔克实施扰乱性空袭，企图干扰英军的撤退。但英军很快发现德军空袭几乎没有什么损害——大部分炸弹都落到海里和空旷地带，少数炸弹即使在士兵集结地点附近爆炸，柔软的沙滩也吸收了爆炸的绝大部分能量，甚至在身边爆炸也不过是震动一下，飞溅一脸的泥沙。等待撤退的士兵们见状，纷纷从隐蔽处走出，有的在海滩上踢足球、打板球，有的在海水里洗澡，还有的甚至悠闲地玩起了沙雕，似乎对近在咫尺的死亡毫不在意，充分显示了对德军的轻蔑。

入夜后，海滩上似乎有成千上万只萤火虫在夜空中飞舞，——那是成千上万等待撤退的士兵在抽烟，烟头一明一暗的闪光形成蔚为壮观的场面！全天，有17804人撤离，比前一天多了整整一万人，这是因为公开呼吁的民船开始陆续到达，发挥了作用。

5月29日，英军吸取三天来的经验，采取很多措施来加快登船速度，特别是在东堤，为了克服高达四米的潮位差，凡是能够找到的木板、木梁，连球门的木门柱都被用来当做临时跳板，英军还将卡车一辆接一辆沉在海滩，作为延伸入海的临时栈桥。

下午，天气开始转晴，德国空军大举出击，一副要把几天的损失补回来的架势。德机以大型船只为目标进行集中攻击，击沉了3艘驱逐舰和包括5艘大型渡船在内的21艘船只，重创了7艘驱逐舰，迫使拉姆齐将参加撤退的8艘最先进的驱逐舰调回本土，以避免这些新锐军舰受到损失，影响以后抗击德军入侵英国本土的作战。

陆地上，大批法军和法国百姓退入敦刻尔克防御圈，公路被各种车辆拥堵得水泄不通，德军的攻势越来越猛烈，英法联军所控制的地区日益缩小，德军地面炮火已经打到了海滩、东堤和航道。

尽管英军损失惨重，但因为大量民船加入撤退，使撤退的速度大大增加，达到了创纪录的每小时两千人！全天共撤走了47310人，为几天来的最高纪录。

5月30日，敦刻尔克地区由于空气中湿度非常大，大雾几乎将海滩笼罩住，不时还有小雨，加上地面上硝烟弥漫，能见度很低，德国空军无法前来攻击。海面上以风大浪急著称的英吉利海峡却一反常态的风平浪静，使得英国动员的大批小型船只（其中不少是内河船只）都能够出海，到达敦刻尔克接运撤退的官兵。全天共撤出53822人，其中近一半是法军。

5月31日，英国远征军司令戈特奉命回国，他将指挥权移交给第1军军长亚历山大，亚历山大刚在敦刻尔克郊外焚毁了自己的座车，他是骑着自行车赶来接受指挥权的。

上午大雾依旧笼罩着敦刻尔克，德国空军仍旧无法出击，但海面上风力开始增强，英军用卡车搭成的临时栈桥因此无法使用，但撤退仍在紧张地继续。

下午，天气放晴，德国空军出动了9个轰炸机大队，英军也准确预测到了天气变化，料到德军飞机必定会大举来袭，尽最大努力向敦刻尔克派出了战斗机，保证在海滩上空始终有战斗机不间断地巡逻飞行，竭力掩护撤退部队和船只。

地面上，德军从西、南两面发起的攻势一浪高过一浪，英法联军的后卫部队拼死坚守防线，战斗非常激烈。就在这一天，哈罗德·欧文·安德鲁上尉因为他的英勇表现，荣获了敦刻尔克撤退中英国颁发的唯一的一枚表彰英勇行为的最高勋章——维多利亚十字勋章。安德鲁指挥着他的连队，经受住了长达10小时的猛烈炮击，打退了德军一次次冲锋，守住了阵地，当侧翼友邻部队出现缺口时，他又主动率领36名士兵赶去支援，击退了至少500名德军，最后在他的部队弹药消耗殆尽，所坚守的阵地的核心据点又被德军炮火击毁后，这才带着仅存的8名官兵，在深至下巴的水里艰难跋涉16000米，回到后面的阵地，没有休息又奋战在阵地上……正是无数像安德鲁这样的官兵，以大无畏的英勇顽强，前赴后继，殊死拼杀，终于遏止了德军的攻势，赢得了极为宝贵的时间。这天，有68014人撤回英国。

四、成就历史

6月1日，天气转晴，德国空军全力出动，英国空军针锋相对，几乎倾囊而出，派出了所有能够派出的飞机，从“喷火”式、“飓风”式单座战斗机，“无畏”式双座战斗机，到“哈德逊”轰炸机、双翼“箭鱼”鱼雷机，甚至连侦察机都投入了。但德军战斗机出色地阻截了英机，有效掩护轰炸机的攻击。德机虽被击落23架，但它们击沉了包括4艘满载官兵的驱逐舰在内的31艘撤退船只，还重创11艘，这是英军损失最惨重的一天！

就在如此激烈的空中厮杀，炸弹、炮弹四下横飞的险恶形势下，素以沉着冷静著称的亚历山大越发表现得临危不惧，他在海滩上安放了帆布躺椅，神态自若地坐在上面，平静地注视着部队秩序井然地登船，或是边啃着苹果，边在海滩漫步，毫不在乎空中飞机呼啸，地面炮火纷飞。他的这种镇定泰然的气势极大影响了部队情绪。有一名军官就站在海滩上精心地修着胡子，身边的勤务兵还为他拿着镜子，还有一个士兵竟然坐在船尾悠然垂钓，部队洋溢着对德军轰炸毫不在乎的蔑视。而那些坚守在阵地上的部队，则在坚持战斗，一些奉命后撤登船的部队也一边还击一边后撤，一直战斗到登船那一时刻。全天，又有 64429 人得救。

6 月 2 日，由于德军飞机的巨大威胁，同时考虑到英国空军已经倾尽所有，为了保存足够的空中力量在以后战争中使用，英军被迫停止了白天的撤退，只利用夜间组织进行撤退。德国空军因此失去了攻击目标，只得改变攻击目标，开始对巴黎进行大规模空袭，

对敦刻尔克的攻击主要由地面部队来完成。

夜幕刚一降临，由各式各样船只组成的舰队就从英国起航了，午夜前到达敦刻尔克，最后一批英国远征军从东堤登船。当撤退的行列稍有中断，救援船只上的水手就上岸去引导撤退，英军“马尔科姆”号驱逐舰派出的水手还吹起英格兰特有的风笛，在到处是烈火的市区从废墟中将掉队人员召集起来，带上驱逐舰。当晚，又撤出 26256 人。

6 月 3 日早晨，亚历山大和坦南特一起巡视了海滩，对英国远征军全部撤退感到非常满意。入夜后，两人率领着各自的参谋人员作为最后一批英军登上驱逐舰撤回英国。当晚撤至英国的 26175 人绝大部分是法军。

6 月 4 日 9 时 40 分，德军第 18 集团军所属的装甲部队冲入了敦刻尔克市区，海滩上担负后卫部队的约 4 万法军来不及撤离，全数被俘。

当天还有 26175 名法军官兵撤离敦刻尔克。满载法军的英军“布卡里”号驱逐舰是最后一艘撤离敦刻尔克的船只。14 时 23 分，拉姆齐宣布“发电机行动”结束。

撤退从 5 月 26 日开始进行，至 6 月 4 日结束，共历时 9 天。此次撤军共有 338226 人从敦刻尔克撤到英国，其中英军约 21. 5 万人，法军约 9 万人，比利时军约 3. 3 万人。英国、法国、比利时和荷兰同时动用各种舰船 861 艘，其中包括渔船、客轮、游艇和救生艇等小型船只。短短 10 天时间，这支前所未有的“敦刻尔克舰队”把 34 万大军从死亡陷阱中拯救出来，为盟军日后的反攻保存了大量的有生力量，创造了二战史上的一个奇迹。

敦刻尔克大撤退并不是一次战役，甚至可以说，是在德军的穷追猛打之下被逼无奈的逃亡之举；但正是这一逃亡，为盟军保存了日后反攻的主力，为将德、意、日法西斯最终送上断头台奠定了基础。或许敦刻尔克大撤退的决定刚刚作出的时候，会有大量的军人表示不解，甚至反对。在他们眼里，战斗，乃至死亡，才是一名优秀军人的真正归宿。他们没有错，但有的时候，退却却是为了更好地前进，为了取得更加辉煌的胜利。此外，蒙哥马利在扭转敦刻尔克大撤退的困局中，起到了扭转乾坤的作用。虽然他当时仅仅是一名不为人知的师长，但历史给了他一个宝贵的机会，而他没有因为职位的低下而退却，相反凭借自己的才华抓住了这一机会，所以才成就了自己，成就了历史。

03 哭泣的凯旋门

——法兰西战役

◇

1940 年 5 月 10 日，天刚破晓，成群的德军施图卡轰炸机突然对法国、荷兰、比利时和卢森堡的机场、铁路枢纽、重兵集结地区和城市进行猛烈的轰炸。5 时 30 分，在北海到马其诺防线之间的 300 多千米的战线上，德军地面部队向荷兰、比利时和卢森堡发起了大规模进攻，揭开了入侵法国的序幕。

担任助攻和吸引英、法军队主力的德军 B 集团军群，首先以空降部队对荷兰和比利时境内的重要桥梁及要塞设施实施了袭击。这突如其来的打击立即造成了荷、比军队的慌乱，紧接着，B 集团军群的装甲部队趁乱发起了猛攻。由于伞兵部队已经占领了各要道，B 集团军群的进展颇为顺利。

德军 B 集团军群对荷兰和比利时边境的突破，致使集结在法国北部的英、法主力部队立即越过法、比边境火速增援。此刻，希特勒正在地下指挥所里焦躁不安地等待着前线的消息，当他听说英、法主力部队已经出动时，“高兴得都要哭了”。他兴奋地对周围人说道：“他们正好掉入我们的陷阱！我就是要他们相信，我们仍在执行原定那个‘黄色方案’，仍尊奉施里芬的主张。他们上当了，等着瞧吧，好戏还在后面。”

一、巧献奇计

1939年德国征服波兰后，希特勒便开始考虑进攻西欧。10月9日他在给德国陆军将领的一个指令中，阐明了他之所以坚信进攻西欧是德国唯一出路的理由。他担心和苏联签订的条约，只有在符合苏联的目的时才会使苏联保持中立。因此一旦英、法向德国进攻，苏联很可能从背后给予致命的一击。所以他要提早在苏联准备好之前进攻法国。他还相信一旦法国失败，英国也会就范。但以陆军总司令勃劳希契为首的德国陆军将领们坚决反对，理由是德国陆军还没有足够的力量可以击败西欧军队，一旦开战，德国必亡。希特勒严厉斥责勃劳希契等人胆小怕事，并命令他们无条件遵从他的主张。

德国陆军参谋总部在希特勒的一再催促下，制订出了一个代号为“黄色方案”的西线作战计划。此计划与第一次世界大战中德军进攻法国的“施里芬计划”相类似，即把德军主力放在右翼，通过比利时去进攻法国。但是A集团军群参谋长曼施泰因却讨厌这个方案，认为不过是老调重弹。希特勒本人也不喜欢这个计划。曼施泰因提出了他的战略构想：德军进攻的主要矛头应放在中央，而不是在右翼。以强大的装甲部队，对具有战略决定性的突破口——阿登森林地带，实施主要突击。这是攻其不备、出奇制胜攻入法国的一条捷径，可切断南北盟军之间的联系，分割合围英法联军，迅速灭亡法国。但是，德国陆军总司令勃劳希契拒绝将曼施泰因的计划转呈希特勒。

1940年1月10日，一名携带“黄色方案”的德空军军官因座机迷航在比利时迫降，由于无法把这一重要文件全部烧毁，致使一部分落入英、法手中。于是曼施泰因再次向陆军总部提出他的观念，这使勃劳希契非常厌恶，把他调任第38步兵军军长。但曼施泰因趁希特勒接见各新任军长之机，将他的见解直接向希特勒作了陈述。希特勒对曼施泰因的陈述，“简直像精灵似的理解非常快”，并表示他个人完全同意曼施泰因的见解。第二天，希特勒便召见陆军总司令勃劳希契和总参谋长哈尔德，命令他们以曼施泰因的建议为基础，立即制订出一个新的作战计划来。虽然勃劳希契和哈尔德强烈反对曼施泰因的建议，认为其所谓的“秘密通过”，实在是一种疯狂的假设，它将使德国装甲部队的精华面临法军侧翼攻击，并可能导致全军覆没。但在希特勒的压力下，两位陆军首脑屈服了。于是，陆军总参谋长哈尔德奉命根据曼施泰因的建议重新制订作战计划。

二、挥镰行动

1940年2月22日，希特勒批准了与“曼施泰因设想”大致相同的新作战计划。德军参谋部将这一计划取代号为“挥镰行动”。据当时任第19装甲军军长的古德里安说，除了希特勒、曼施泰因和他本人以外，几乎再没有任何人对这个计划具有信心。

为实施“挥镰行动”，德军统帅部进行了周密的部署。投入西线作战的总兵力为136个师（其中包括10个装甲师、4个摩托化师）、2439辆坦克、3700架飞机，另有运输机600架。兵力配置上分为A、B、C三个集团军群：中路的A集团军群64个师（其中包括7个装甲师、3个摩托化师），由伦斯德上将指挥，担任中间突破阿登山区直冲英吉利海峡的任务；右翼的B集团军群28个师（其中包括3个装甲师、一个摩托化师），由包克上将指挥，担任助攻任务，目的是进攻荷兰、比利时和卢森堡，以吸引英法联军的主力；左翼的C集团军群17个师，由勒布上将指挥，其任务是佯攻马其诺防线，以牵制法军使其不能北上增援；以另外的27个师作战略预备队。

荷兰、比利时、卢森堡、法国和英国远征军共有135个师（其中法军和英军共有103个师，编成3个集团军群）、3469辆坦克、2000架飞机，并可利用英伦三岛1000多架飞机支援战斗，在兵力上与德军相当。然而，英法长期推行绥靖政策，备战不力。联军最高统帅部制订的代号为“D”的作战计划保守失算，该计划重点是防御德军向比利时实施主要突击，把比利时作为双方厮杀的主战场。根据“D计划”，联军把主力部署在法、比边界北端和法国北部各省，如果德军向比利时实施主要突击，则五国联军协同作战挡住德军进攻，其他部队的大部分部署在南部的马其诺防线上；如德军向马其诺防线实施正面进攻，则依托坚固的工事进行抵御；而在中段则自恃有阿登山区天险和马斯河，只留了战斗力较弱的部队驻守。

三、长驱直入

1940 年 5 月 10 日，天刚破晓，成群的德军施图卡轰炸机突然对法国、荷兰、比利时和卢森堡的机场、铁路枢纽、重兵集结地区和城市进行猛烈的轰炸。5 时 30 分，在北海到马其诺防线之间的 300 多千米的战线上，德军地面部队向荷兰、比利时和卢森堡发起了大规模进攻，揭开了入侵法国的序幕。

古德里安的第 19 装甲军轻易突破比军的松散抵抗，只用了两天时间便通过凯旋门穿越阿登山脉 110 千米长的峡谷深入法境。5 月 12 日下午，古德里安的 3 个装甲师已经到达马斯河北岸，并攻下了法国著名要塞城市——色当。当天夜里他们便开始了紧张的渡河准备。“德国人强渡马斯河是法国之战的关键。在以后 5 个星期中还有其他同样大胆的行动，但是没有那一次能对事态发展产生过这样惊人的影响。”为此，古德里安把他的 3 个装甲师全部投入进去了。

5 月 13 日上午 11 时，德军出动近 400 架轰炸机分批次对马斯河南岸的法军阵地和炮兵群进行了长达 5 个小时的狂轰滥炸，并使法军的精神发生了瘫痪现象。下午 4 时，德军分乘数百艘橡皮艇，开始强渡马斯河。下午 5 时 30 分，德军终于在马斯河南岸上获得了一个立足点，接着德军工兵立即开始架设浮桥。到了下午 8 时，古德里安属下的第 1 装甲师已经穿过法军阵地，突入纵深。第 2 装甲师和第 10 装甲师也在午夜全部渡过了马斯河。同一天，霍特的 15 装甲军属下的隆美尔第 7 装甲师也在西面 64 千米远的南特附近渡过了马斯河。

马斯河防线一失，通往巴黎和英吉利海峡的道路敞开了，在比利时境内作战的英、法部队面临被包抄的危险，陈兵马其诺防线的法国大军也将腹背受敌，英、法这才感到形势严重。英国迅速增派10个战斗机中队与驻法英空军和法国空军一起实施反击。14日下午，马斯河上空爆发了开战以来最激烈的空战，英军“布雷汉姆”轰炸机和法军最新式的“布雷盖”轰炸机在战斗机的掩护下，直扑马斯河而来，德军约5个联队的战斗机升空拦截，双方投入的飞机各有500余架。从中午到天黑，登陆场上枪炮声连绵不绝，双方战斗机上下翻飞，相互追逐，不时有飞机中弹起火，拖着黑烟下坠，英法飞机胡乱投下的炸弹在河面上炸起一道道冲天的水柱。德军高射炮也不甘示弱，不断以猛烈火力射杀低空潜入的英、法飞机。密集的地空火力网令英、法飞机成了飞蛾扑火，一批批闯来，又一批批被吞噬。大混战一直持续到夜幕降临，损失惨重的英、法飞机悻悻败走，德军渡河浮桥大都完好。此战德军击落英、法飞机数百架，其中仅德第2高炮团就“包办”了112架。英军派出的飞机损失了60%。《英国皇家空军史》称：“再没有比这种自杀性的战斗造成的损失更令人痛心的了。”这一天被德国人称为“战斗机日”。在这以后，英、法空军只敢在夜间升空活动，战区制空权被德国人牢牢控制住了。

四、溃不成军

德军装甲军集群长驱直入，其威力与速度是战争史上闻所未闻的。法国陷入惊慌失措之中。5月15日清晨，法国总理雷诺沮丧地给5天前才接替张伯伦担任英国首相的丘吉尔打电话说：“这一仗我们恐怕要打输了。”丘吉尔惊得目瞪口呆：“我简直不明白，运用大量快速装甲部队进行袭击会引起这样剧烈的变革。”为进一步探明战局真情和给已经感到绝望的法国领导人打气，5月16日，丘吉尔从伦敦急飞巴黎。据丘吉尔回忆，“差不多他一见到法总理雷诺和英法联军总司令甘末林，他就立即意识到：局势比他想到的还要糟得多——他们每个人脸上都是灰溜溜的。”丘吉尔问甘末林：“战略预备队在哪里?”甘末林摇摇头，耸耸肩，说：“没有战略预备队。”丘吉尔听后，“简直傻了眼”。

古德里安的第 19 装甲军的推进速度不但令联军措手不及，而且也令德军统帅部不安，装甲兵团司令克莱斯特曾两度下令古德里安暂停前进，但他不惜以辞职抗争。禁令解除后，他的速度比以前还快，以至于在路上遇到一股股溃散的法军士兵，都不愿耽搁时间下车去俘虏，仅用扩音器喊：“我们没有时间俘虏你们，你们要放下武器，离开道路，免得挡路。”5 月 16 日，古德里安督促手下的 3 个装甲师向西转进，目标是英吉利海峡东岸的敦刻尔克地区。5 月 20 日，古德里安掠过亚眠，在阿贝维尔附近抵达英吉利海峡。这时的德军统帅部也没有料想到，在法国境内的战斗会进行得如此顺利，因此，一时不知怎样部署兵力才好。等到次日，他们才给坦克部队下令：由阿贝维尔向北推进，以占领海峡诸港为目标。

古德里安一接到命令，便立即决定：第 10 坦克师向敦刻尔克前进；第 1 坦克师向加来前进；第 2 坦克师向布洛涅前进。古德里安深知，他所在的 A 集团军群构成的从色当到法国西海岸的进攻线，已经切断了法军从北部南逃的退路。而北面包克的 B 集团军群已攻占了荷兰及比利时东部，70 万余英法联军主力的左翼实际上已处在德军的深远包围之中。眼下对方得以逃脱的唯一希望就在包括敦刻尔克在内的法国北部的几个海港了。因此，他一定要迅速占领这几个海港，以彻底切断对方的海上退路。

5 月 23 日上午至 24 日，古德里安的装甲部队先后占领了布洛涅和加来。24 日下午，古德里安的第 19 装甲军已到达格拉夫林，离敦刻尔克只有 16 千米了，而在其右翼的莱因哈特的第 41 装甲军，也已到达艾尔·圣奥梅尔·格拉夫林运河一线。两支装甲劲旅只需再努把力，就可直取敦刻尔克，而后继的几十个步兵师也正源源不断地跟进。古德里安等人踌躇满志，决心率领他们的装甲部队再打一个围歼战，将英、法军队的数十万人马彻底消灭在滨海地区。

然而就在这时，第 19 装甲军和第 41 装甲军同时接到了装甲兵团司令克莱斯特发来的命令，要他们停止前进，并称“敦刻尔克之敌将全部留给戈林元帅的空军去解决”。古德里安接到命令后，立即向克莱斯特提出了质问和抗议，但得到的最后答复是：“这是元首亲自下达的命令，必须执行。”于是，古德里安和莱因哈特只得遵命停在运河一线按兵不动，而眼睁睁地看着英、法、比联军从敦刻尔克上船逃走。联军利用这一转瞬即逝的喘息机会，得以实施从海上撤退的“发电机计划”，从 5 月 26 日到 6 月 4 日，从敦刻尔克先后撤出 32.4 万人，其中法军 8.5 万人，成为日后反攻欧洲大陆的主力。对于希特勒这一让人费解的命令，至今仍然众说纷纭，成了一个难解之谜。一种说法认为，是希特勒故意放英国人一马，因为希特勒对英国人情有独钟，他曾说过：“他们那些人是有价值的人种，是我要与之媾和的人。”他这次放走英国人，是想给英国人一个情面，为日后和谈留一条退路。另一种说法是，希特勒对自己的装甲部队异常迅速地挺进感到不安，怕他心爱的装甲部队陷入敌军南北合围。但不管怎么说，希特勒在此是犯了一个致命的错误，它影响到日后对英国的入侵，并且使英国人以后在非洲和意大利能继续作战。

五、法国沦陷

德军在占领荷兰、比利时、卢森堡和法国北部后，德军统帅部制订了代号为“红色方案”的法兰西战役第二阶段作战计划。这一计划要求德军挥师南下，彻底击败法国。现在德军兵力达137个师之多，其中A、B两个集团军群迅速改组完毕。包克的B集团军群（辖6个装甲师）为右翼，向索姆河正面实施突破；伦斯德的A集团军群（辖4个装甲师）为左翼，向埃纳河作正面突击。

6月3日，德国空军向法国机场和后方实施了猛烈轰击。6月5日拂晓，包克的B集团军群率先在右翼发起全线进攻，当天，隆美尔的第7装甲师抢先渡过索姆河。6月7日，隆美尔师将防守阿布维尔——亚眠一线的法国第10集团军拦腰斩断，其他德军各师得以从这个缺口向前拥入。6月8日，隆美尔师进抵塞纳河畔。6月10日，隆美尔又转身北向，一口气冲了80千米远，以海岸线为目标，当晚就到达目的地，切断了正向海岸撤退的法军第9军和英军第51师的退路。这些部队于6月12日被迫向隆美尔投降。

在B集团军群发起进攻后，左翼的伦斯德A集团军群也于6月9日在埃纳河发起渡河攻势，当晚，古德里安装甲部队的第1装甲师强渡埃纳河。6 月 10 日，古德里安兵团击败法军装甲部队，突破了法第 6 集团军的右翼，此后，古德里安挥军南下，一路长驱直入如入无人之境。成群结队的法军俘虏丧魂落魄地把枪支扔给德军，放在坦克下面压毁。魏刚后来心情沉重地写道，使他“最感触目惊心的，就是德军的坦克和飞机，已使法军士兵产生了恐惧的心理现象。这要算是德军的一个最大的成功”。6 月 17 日，古德里安装甲兵团进抵瑞士边境城镇潘塔里尔，切断了马其诺防线内法军逃往瑞士的退路。自强渡埃纳河以来，古德里安装甲兵团在 10 天中长驱 400 多千米，俘虏法军 25 万之多，创造了战争史上的奇观。

6 月 10 日，法国政府撤出巴黎，迁往图尔。同日，意大利趁火打劫，向法国宣战。13 日，巴黎被宣布为不设防城市。14 日，法国政府再迁往波尔多时，德军不费一枪一弹占领了巴黎。就在德军占领巴黎的当天，德军 A 集团军群的左翼已进至马其诺防线的侧背，“因为这条无用的防线，毕竟还存在着数十万没有投降或被消灭的法国军队”。希特勒要求伦斯德与 C 集团军群合作，彻底消灭那里的法国部队。根据希特勒下达的 15 号作战指令，一直在马其诺防线当面执行吸引法军注意力任务的 C 集团军群，立即选择马其诺防线守军的薄弱处，即阿尔萨斯和格林两筑垒地域的接合部发起进攻。A、C 两集团军群前后夹击，马其诺防线很快被突破。6 月 17 日，C 集团军群进至马恩·莱茵运河上，A 集团军群占领了凡尔登，50 万法军被包围在阿尔萨斯和格林南部，除少数逃往瑞士外其余全部被歼。18 日，法国政府宣布停止抵抗。

至此，希特勒灭亡法国的“挥镰行动”胜利结束了。从 5 月 10 日至 6 月 17 日，号称欧洲军事强国的法国，就这样在 5 周时间内被打败了。曼施泰因的构想经过古德里安和隆美尔等人的行动后，最终变成了一个世界军事史上的杰作。6 月 22 日，为羞辱法国，报第一次世界大战中德国战败的一箭之仇，希特勒在贡比涅森林的火车车厢里，坐在 1918 年法、德签署停战协定时法方代表福煦元帅坐过的那把椅子上，接受了法国的投降。7 月 1 日，贝当政府从波尔多迁至维希城。贝当这位第一次世界大战时的老英雄，从此充当起德国的傀儡。法国实际上灭亡了。

此战，法军死亡8.4 万人，伤12 万人，被俘154.7 万人；英军损失6.8 万人。德军死亡和失踪约45500 人，受伤11.1 万多人。德国在此战中取得的胜利证明，法、英两国虽然拥有雄厚的军事和经济潜力，但无力抵抗德军的强大进攻。法国战局暴露了过高估计其防御能力的盟国在战略和军队建设方面的严重失策，盟国在确定德军主要突击方向时犯了错误，并在复杂的战役战略情况下无力指挥军队。法国失败主义泛滥，军事思想落后，对装甲部队快速突击认识不足，德军统帅部巧妙地利用了对方的弱点和错误。周密的准备、正确地选择主要突击方向、进攻的突然性、大量使用坦克和航空兵，这些在很大程度上保障了德军的战役胜利。此外，英、法这两个国家的统治集团在战前为了将德军的侵略引向苏联推行向德军让步的政策，出卖捷克斯洛伐克和波兰，也是失败的原因之一。

04 血洒长空
——不列颠之战

◇

1940 年 9 月 7 日，德军对伦敦的大规模空袭终于开始，黄昏时分，戈林和凯塞林站在加莱海岸的山上，目视着第 2 航空队 625 架轰炸机和 648 架战斗机飞越海峡，飞向伦敦。英军没料到德军会空袭伦敦，起飞拦截的战斗机扑了空，德机向伦敦投下了 300 吨炸弹和燃烧弹。入夜后，又有 250 架德机来袭，伦敦没有夜航战斗机，夜间防空只能依靠高射炮和探照灯，空袭从晚上 8 时一直持续到清晨，伦敦有 1300 多处起火，很多街区成为一片火海，连英国国王居住的白金汉宫也被炸。在当晚的恐怖空袭中，伦敦市民死 300 余人，伤 1500 余人。次日天亮后，阳光都无法穿透伦敦上空浓厚的黑烟！戈林兴高采烈地告诉妻子："伦敦烧起来了！"德军企图通过对伦敦实施大规模空袭来使英国屈服。然而，英国人民在如此惨重的损失下，没有屈服，相反更激起了对纳粹暴虐的仇恨和战斗的决心！

一、战役背景

1940 年 7 月，欧洲战场上只剩下英国还在孤军奋战，英国当时的处境是极其险恶的，陆军在刚结束的法兰西战役中损失惨重，虽经敦刻尔克大撤退，奇迹般地将 30 余万部队撤回英伦三岛，但所有重装备和车辆丢弃殆尽，英国本土只剩下 780 门火炮、160 门反坦克炮和 200 辆坦克。空军也在战役中受到了很大削弱，损失了约 1000 架飞机，牺牲了 435 名富有经验的飞行员；海军的情况相对好一些，但正面临抗击德军潜艇部队疯狂的海上破交，也显得有些力不从心。

阿道夫·希特勒德国的情况则刚好相反，刚占领了法国、比利时、荷兰等西欧诸国，达到了军事胜利的顶峰。同月，希特勒制订了从海上入侵英国的“海狮”计划。该计划要求“德国空军要使用其全部兵力尽快击败英国空军”，夺取制空权，配合海军和陆军在英国本土登陆。德国空军投入不列颠之战的飞机约 2400 架，其中轰炸机 1285 架，其主要基地位于法国东北部、西北部以及荷兰和挪威。

纳粹德国元首希特勒一直对英国抱有幻想，认为英国在如此严峻的局面下，一定会与德国媾和，而且他认为打败英国后，英国的殖民地将落入美国、日本和苏联之手，对于德国毫无益处，因此他在 1940 年 5 月至 7 月，始终没有敦促德军总参谋部制订进攻英国的作战计划，而是致力于对英国的诱降，在六、七月间多次通过广播和报纸，一再提出“和平建议”，并通过梵蒂冈教皇和瑞典国王与英国接触，提出以瓜分法国、荷兰的殖民地的优越条件试探媾和的可能性，还派出密使与在西班牙的前英国国王——因坚持与一位离过婚的美国女子结婚而逊位的温莎公爵接洽，准备扶持这位不爱江山爱美人的前国王重登王位，建立一个亲德的政府，迅速达成停战协议，然后可以集中全力准备对苏联的作战。

然而，英国的强硬态度完全出乎他的意料，5月10日接替以制造慕尼黑阴谋而闻名的绥靖主义者张伯伦出任首相的丘吉尔，历来就是坚定的主战派人士，他在就职仪式上发表的演讲中明确说："我们的政策就是用上帝赋予我们的所有力量，在陆地、海洋和天空，向人类历史上从来没有过的黑暗罪恶势力战斗！"广大英国人民也清醒认识了纳粹德国的残暴和征服世界的野心，彻底抛弃了绥靖主义，全力支持政府将对德国的战争进行到底。

当德国所有的诱降企图全部破产后，希特勒才下定了进攻英国的决心，于7月16日下达了代号"海狮行动"的对英作战第16号指令。

二、冒险赌博

希特勒寄希望于德国强大的空军越过英吉利海峡摧毁英国的抵抗力量。德国为此集结了各种作战飞机2500余架，而英国空军的全部作战飞机也不过1300余架，此外，德国在占领西欧之后对英形成了一个弧形包围圈，其空军基地非常接近英国，这加大了德国飞机突击纵深的力度和出击的频率。德国空军司令、纳粹二号人物戈林对希特勒夸下海口：只用空袭便可征服英国，希特勒遂决定等到德国空军对英国实施集中攻击后，再确定登陆战"海狮行动"的具体方案。

英军由于在欧洲大陆消耗较大，需要休整补充，所以采取避战战略，只以小机群迎战，同时在空战中检验雷达引导截击的战术。从7月10日至8月12日，德军共出动飞机5376架次，投弹1473吨，击沉英军4艘驱逐舰和18艘运输船，德军有186架飞机被击

落，135 架被击伤。英军损失飞机 148 架。总体而言，这一阶段作战完全是试探性的，规模有限。8 月 2 日空军司令戈林下达了空军作战指令，戈林定于 8 月 10 日发起第一次大规模空袭，这天将以“鹰日”为代号。

8 月初，德国空军为对英作战而集结的飞机已达 2669 架，其中梅塞施米特 -109 战斗机 933 架，梅塞施米特 -110 战斗机 375 架，容克 -87 俯冲轰炸机 346 架，容克 -88、亨克尔 -111 和道尼尔 -17 轰炸机共 1015 架。8 月 10 日，英国南部地区天气非常恶劣，“鹰日”攻击被迫延期。8 月 11 日和 8 月 12 日，天气依然没有多大好转，德军出动了部分飞机，攻击了英军雷达站，五个遭严重破坏，一个被完全摧毁，由于德军主要轰炸雷达站的天线而不是核心的控制室，英军能够迅速修复，德军无线电侦测部门又很快发现了雷达信号，认为攻击雷达站是毫无作用的，因此不久就终止了对雷达站的攻击，铸成大错。

三、鹰日到来

被大肆宣扬的“鹰日”攻击终于在 8 月 13 日开始，战史上将 8 月 13 日至 8 月 23 日作为不列颠战役的第一阶段，德军在这一阶段的主要目的就是消灭英国空军主力，由于德军飞机航程有限，所以攻击主要集中在英格兰南部，企图尽可能在南部战斗中消耗英军力量，为以后攻击中部地区创造条件。德军除以战斗机掩护轰炸机突击英军机场外，还以战斗机组成游猎群，专门寻找英军战斗机空战。8 月 13 日，由于天气仍不理想，部分战斗机没有按计划起飞，开局显得有些混乱。全天德军投入 1485 架次，白天突击英国南部 7 个机场，晚间则攻击英军飞机制造厂。英军出动了 727 架次迎战，在波特兰和南安普敦的空战尤为激烈，德军有 47 架飞机被击落，80 余架被击伤，英军仅损失 12 架“飓风”和一架“喷火”，机场遭受的损失微不足道。8 月 14 日，天气依旧是阴云密布，德军仅进行了小编队的零星袭击。

8 月 15 日，因为连日的恶劣天气，戈林将各航空队司令召到在卡琳霍尔庄园的官邸举行军事会议，不料天气突然转晴，留守空军指挥部最高级别的军官第 2 航空队参谋长保罗戴希曼上校，以军人的责任果断下令出击，谁能想到这天竟然成为不列颠战役中德军出击规模最大的一天！第 2、第 3 航空队几乎是倾巢而出，第 5 航空队也首次派出飞机参战，这样德军从南北两个方向同时展开攻击。北面的第 5 航空队以为英军在东北地区防御是比较空虚的，加上受航程限制，只派出了 34 架梅塞施米特－110 战斗机掩护 63 架亨克尔－111 和 50 架容克－88，不料遭到英军第 13 大队七个中队共计 84 架战斗机的迎头痛击，德军战斗机空中指挥第 76 战斗机团第 1 大队大队长雷斯特曼上尉还来不及调整飞行状态，就被击落。这支在德国空军享有盛名的精锐部队，由于梅塞施米特－110 战斗机既笨重，数量又少，在英机打击下损失惨重，总共被击落 7 架梅塞施米特－110、16 架亨克尔－111 和 6 架容克－88，战损率超过 20%，从此第 5 航空队就再未参加不列颠之战。

8 月 19 日至 23 日，由于天气原因，空战暂停了五天。不列颠之战的第一阶段至此结束，在这一阶段，德军付出了被击落 367 架的巨大代价，使英军 12 个机场和 7 个飞机制造厂遭到不同程度破坏，6 个雷达站一度失去作用，一个指挥中心被炸，一座弹药库和 10 座储油库被毁，但德军选择目标不集中，一定程度上分散了兵力，降低了突击效果，再加上英军顽强的抗击，没能达到预期目的。英军在这一阶段损失 183 架。

四、誓死不屈

从 8 月 24 日至 9 月 6 日，不列颠之战进入了关键的第二阶段，德军根据戈林的决定，对英军第 11 大队的主要基地和英格兰南部的飞机制造厂进行了大规模空袭，在这两周时间里，德军每天出动飞机都在 1000 架次以上，其中 8 月 30 日和 8 月 31 日两天，更是达到了日均 1600 架次。轰炸一个波次接着一个波次，空战连着空战，在这决定性的阶段，英军飞行员由于一个多月以来一直处于高度紧张状态，有时一天就要出动几次，已经非常疲惫。空战开始以来，英军有 103 名飞行员阵亡，128 名重伤，伤亡总数占全部飞行员的四分之一。英国空军开始出现人员紧缺的困境，尤其是在一批富有经验的飞行骨干大量伤亡后，一些年仅二十岁左右的青年却算是老手了。就在这样严峻的局面下，深谋远虑的道丁上将依旧没有动用保留在北部纵深地区的 280 架飞机的后备力量，他的这种战略受到了前线艰苦奋战的将士的谴责和后方待命将士的抱怨。尽管如此，英军依然在顽强苦战，有些飞行员一天出动几次，保持着高昂的士气，甚至在 9 月 6 日英军的出动架次竟然超过了德军！地勤人员夜以继日地维护保养、抢修受伤的飞机，体力精力消耗都达到了极限，很多人在工作中晕倒。8 月 24 日至 9 月 6 日两周中，英军有 295 架飞机被击落，171 架被重创，而同一时间里英国生产出的新飞机加上修复的飞机总数只有269架，英国空军已经是元气大伤。更严重的是，英国南部最重要的5个机场都遭到严重破坏，英国空军最重要的指挥中枢——地下扇形指挥中心（指挥中心根据雷达站、地面防空观察哨和空中作战的飞行员发回的敌情报告，进行综合分析评估，再用无线电指挥空中的战斗机作战），由于德军通过无线电监听截获了指挥中心与飞行员之间的通话，意识到这些指挥中心的重要性，便全力攻击这种指挥中心，在南部地区和伦敦附近的7个指挥中心有6个被摧毁。英国空军的指挥和通信系统已经到了崩溃的边缘，照这样发展下去，英国空军很快就会失去抵抗的力量！而德军在数量上的优势开始逐步发挥出来，在这两周里，德军损失了214架战斗机和138架轰炸机，但还有足够的力量继续发动攻势。就在英军遭到无法长期承受的巨大损失，即将陷入崩溃的边缘的时候，德军却突然改变了战术，不再攻击英军的机场和指挥中心，转而对伦敦实施大规模空袭，不列颠之战也就进入了第三阶段。

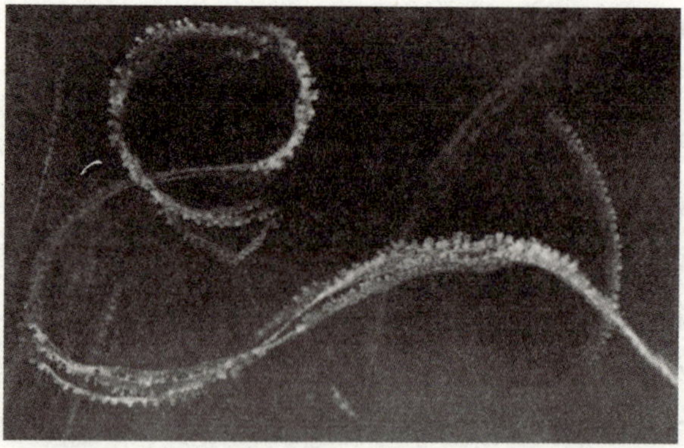

9月7日下午，戈林亲自指挥空军，动用300架轰炸机和600架战斗机，对伦敦进行第一次系统的轰炸。德军飞机所到之处，狼烟四起，伦敦人民的生命和财产受到巨大的损失。

这一改变完全是因为一个偶然事件。8 月 24 日，12 架迷航的德军轰炸机飞临伦敦，在市中心投下了炸弹。8 月 25 日，根据丘吉尔首相的指示，英国空军出动 81 架轰炸机空袭柏林，作为报复。尽管空袭造成的物质损失微乎其微，但在心理上极大地震撼了德国。8 月 28 日夜和 8 月 31 日夜，英军又两次空袭柏林，使柏林市民也真切体会到了战争。希特勒被激怒了，叫嚣要彻底毁灭伦敦。9 月 3 日，戈林召开了参谋长会议，决定从 9 月 7 日起攻击重点转为伦敦。9 月 4 日，希特勒在演讲中声称将以夜袭来回报夜袭，英国人投下一千千克炸弹，德国空军将要以十倍、百倍甚至千倍的炸弹去回报！实际上，德军对伦敦的空袭 8 月底就已经开始。9 月 6 日晚，德军出动 68 架轰炸机首次有计划地轰炸伦敦。

从 9 月 7 日起，一连七天，德军对伦敦不分白天黑夜实施了大规模空袭，使伦敦蒙受了巨大的人员财产损失。但这损失并没有白费，英国空军得到了至为宝贵的喘息之机，迅速恢复战斗力。此外，英国空军指挥序列也有了变动，战斗机司令部司令道丁和第 11 大队大队长派克主张以中队为单位的小编队逐次投入战斗，而第 12 大队大队长马洛里则主张以 3 至 7 个中队组成大编队迎战，实战中由于第 11 大队经常以小编队作战，多次空战出现了德军战斗机竟然是英军的二三十倍这样的众寡悬殊，使英军损失较大。经过一段时间的实战检验，英国空军肯定了大编队作战，以空军副参谋长斯坦莫尔上将接替道丁，第 12 大队大队长马洛里接替派克，分别担任战斗机司令部司令和第 11 大队大队长。

9 月 15 日，经过八天的调整和补充，英国空军先后出动了 19 个中队 300 余架战斗机，迎战前往伦敦的德军 200 架轰炸机和 600 架战斗机组成的大机群，激烈的空战持续了整整一天，在英军英勇抗击下，很多德机漫无目的投下炸弹，匆匆返航。全天有 56 架德机被击落，其中34架轰炸机，另有12架在返航和着陆途中伤重坠毁，还有80架飞机是带着满身的弹痕着陆，英军在空战中损失20架“飓风”和6架“喷火”，还有7架伤重报废。这天是不列颠空战的转折点，德国空军终于意识到，并没有掌握英国南部的制空权，并不能够在白天进行为所欲为的空袭，英国空军不但没有被消灭，而且还很强大。

丘吉尔首相亲临第11大队的指挥中心督战，他将这天称为世界空战史上前所未有的、最为激烈的一天。战后，英国就将9月15日定为不列颠空战日，以纪念这一辉煌胜利。9月16日和17日，英国空军挟胜利余威出动轰炸机对德军集结在沿海的用于登陆的船只和部队进行了猛烈攻击，击沉击伤近百艘船只，并给德军造成了重大的人员和物资损失，迫使希特勒于9月18日下令停止在沿海集结船只。

10月12日，希特勒决定将“海狮计划”推迟到1941年春，实际上放弃了在英国登陆的计划，所谓推迟仅仅是遮人耳目的幌子，因为德军统帅部早就决定1941年夏入侵苏联，自然不可能再进攻英国了。10月25日，意大利空军也派出飞机加入对英国的空袭，但意军飞行员一见到英军凶猛准确的高射炮炮火就吓坏了，仍下炸弹掉头就逃。直到11月10日，英军首次击落了意军飞机，才知道意大利也参加了空战。

在9月7日至10月的第三阶段中，德国企图通过对伦敦的恐怖空袭来迫使英国屈服的计划被彻底挫败，德军在此期间损失飞机433架，英军则损失242架。实际上这一阶段的空战已经宣告了德国在此次空中战役的失败。

五、最后一击

德军并不甘心这样的失败，仍继续对伦敦并扩大到考文垂、伯明翰、利物浦、南安普敦等城市实施夜间空袭，不列颠战役进入了第四个阶段，在这一阶段中，德军空袭的目的不再是消灭英国空军，而是对英国工业城市进行空袭以削弱英国的军事工业，并制造进攻英国的假象，一方面可以牵制英军的大量海陆空军于本土，另一方面还可掩护为进攻苏联而进行的准备。

在这一阶段中，最典型的战斗就是11月14日夜间代号为“月光奏鸣曲”的对英国航空工业基地考文垂的空袭。

当晚，德军共出动449架亨克尔-111轰炸机，由于德军使用了代号为“X-蜡膏”的无线电导航技术，轰炸非常准确，有394吨爆破弹和56吨燃烧弹落在考文垂市中心。德军还投下了127枚延时炸弹，以破坏英国人的救援行动。考文垂有5万多幢建筑被炸毁，死554人，重伤864人，12家生产飞机零部件的工厂遭到严重破坏，致使英国飞机减产20%，考文垂市区的水、电供应中断35天才恢复，损失相当惨重。

英军起飞了120架次夜航战斗机进行拦截，高射炮部队发射1.2万余发炮弹，却只击落击伤德机各一架。从单纯军事角度而言，此次空袭是非常成功的，并且由于其具备了战略轰炸的典型特点，被很多军事家誉为战略轰炸的“雏形”，在军事史上具有非常深远的影响和意义。

1940年年底，由于英军战斗机、高射炮等部队的英勇抗击，德军损失越来越大，为减少飞机损失，德军空袭逐渐由白昼转为夜间，而且规模和强度也逐渐减小，500架次以上的规模屈指可数。因为主要采取夜间面积的战术，除了破坏城市建筑、屠杀平民、制造恐怖气氛外，军事上的作用很小。入冬以后，英伦三岛恶劣的天气也使德军空袭的规模日益下降。

1941年3月起，随着天气的好转，德军的空袭也逐渐加强，这时德军发动空中攻势目的只是为了制造进攻英国的假象，掩盖即将开始对苏联的作战。

5月10日晚，是德国空军主力撤往苏联战场之前对伦敦进行的最后一次大规模空袭，德军发动此次空袭，无非是在放弃进攻英国之前，发泄一下失败的怨气。当晚德军出动500余架次，对伦敦进行狂轰滥炸，所有参战飞行员都得到指示，可以将炸弹扔在任何地方，700吨爆破弹和燃烧弹落在伦敦市区，燃起的大火照亮了大半个夜空，伦敦平民有1436人被炸死，1800余人重伤。随着6月22日德军进攻苏联的开始，德国空军主力转往苏联战场，对英国的战略空袭也终于停止。人类战争史上最惊心动魄的大空战——不列颠之战终告结束。

六、不朽光辉

1940年9月20日，英国首相丘吉尔在演讲中以后被广泛引用的名句来赞誉："在人类战争历史上，从来没有这么多人从这么少的人那里得到这么多！"毫无疑问，这么少的人当然是指英国空军的飞行员、地勤和指挥通信人员，当时英国空军的全部作战人员，从飞行员、地勤到指挥通信，仅区区3000人！这么多的人不但是英国人民，而且还包括所有不愿忍受纳粹暴虐的人民。

英国取得不列颠之战胜利的原因主要有：战略上，英国早就预见到了英国生死存亡的关键在于制空权的争夺，所以从1940年5月就开始有计划、有目的地采取一切措施来加强防空，在指挥体制、防空兵力部署等方面做好充分的准备。而纳粹德国始终抱有诱使英国媾和的幻想，在外交和政治上展开了诱降活动，军事上的准备明显不足。而且德军统帅部一直都没有一个比较成熟完善的进攻方案，"海狮计划"也是仓促而就，缺乏必要的研究分析。即使在空袭开始后，希特勒也一直梦想通过空袭来迫使英国屈服，并未进行认真周密的登陆作战准备。更为严重的错误是德国在 7 月 16 日下达“海狮计划”指令，7 月 31 日却又决定进攻苏联，战略上如此三心二意，怎能不败？

不列颠战役是人类战争史上首次空战战争，证明了战略性的大规模空袭将直接影响战争的进程，显示出制空权在现代化战争中的重要地位，并证明了防空的战略意义。

由于不列颠战役的胜利，英国得以保存下来，而英国的坚持抗战，把德军拖入了致命的长期持久战，而且成为日后英美反攻欧洲大陆的跳板，使德军陷入了两面作战的困境。可以设想，如果不列颠之战中德军获胜，那很快就会实施登陆，只要德国陆军登上英伦三岛，英国就将彻底失败，以后即使美国参战，要想横渡大西洋收复欧洲大陆，简直是梦呓！接下去德军再全力进攻苏联，整个二次大战的历史就将全部改写，因此，不列颠之战绝对是战争的转折。随着德军飞机的纷纷坠地，就已经埋下了日后纳粹德国失败的伏笔。

05 沙漠旋风
——昔兰尼加会战

◇……………

昔兰尼加战役是北非战场上的一个重要战役。北非是第二次世界大战中的一个重要战场。对英国来说，控制北非，就能保住通往亚洲殖民地的生命线，也能保住它在中东的石油供应基地。对意大利来说，只有把英国赶出北非和东非，才能实现它建立非洲帝国的梦想。德国也把在非洲战胜同盟国看作实现它的侵略计划的一个步骤。因此，在第二次世界大战中，盟军与德、意法西斯在北非展开了激烈的争夺。

一、沙漠之狐

意大利法西斯独裁者墨索里尼在德军入侵西欧时见有利可图，便参加进来，在法国后背捅了一刀。墨索里尼作为古罗马帝国的后裔，一心想恢复昔日的辉煌，建立一个以罗马为中心的环地中海大帝国。对法战争结束后，他眼见英国忙于保卫本土，其在北非的守备兵力十分薄弱，认为这是实现其狂妄计划的千载难逢的良机，遂令伦道夫·格拉齐亚尼元帅率50万意军于1940年9月13日发动入侵埃及的攻势。意军的行动对英国构成了极大的威胁。因为如地中海航道被掐断，英国所必需的补给便只能绕道好望角，这等于被扼住了咽喉。丘吉尔断然决定向埃及增兵。12月9日，得到加强的英军共5万人在英军中东总司令韦维尔将军指挥下发起反攻，至次年2月7日几乎全歼意军8个师，俘虏13万人，并缴获了大批武器装备。

1941年2月12日，隆美尔飞抵利比亚的的黎波里城。在视察完前线之后，他决心在的黎波里东边的锡尔特建立一道防线。2月底，第5轻装甲师的坦克团在的黎波里登陆后，隆美尔立即进行了宣传式的阅兵式。为迷惑英军，也为增强意军信心，他让坦克部队在向东驶去之前，围着检阅台转上好几圈。同时用木头和纸板做了几百辆假坦克，让卡车和摩托车在这些“坦克”之间绕来绕去，而真正的坦克却避开敌机拍照，悄悄向东开去。

丘吉尔在2月中旬英军占领班加西港后即指示韦维尔停止前进，把最大的兵力调往希腊，只留下澳大利亚第9师和第2装甲师守卫昔兰尼加。韦维尔已得知德军增援北非，但他认为德军现在的兵力不会超过一个加强坦克团。在他看来，德、意军队在夏末秋初未必会发动进攻。

隆美尔命令第5装甲师指挥官施特莱彻将军率该师先头部队从锡尔特出发，沿海岸线向东进行探察。施特莱彻轻而易举地向东推进了880多千米。此前，隆美尔的进军只不过是改善自己的防御姿态，但轻易的成功和英军的过分谨慎使他改变了想法，他开始准备做非洲的征服者了。他在写给柏林的信中宣称：他的第一个目标是夺回利比亚东部地区昔兰尼加，第二个目标是埃及和苏伊士运河。他不顾来自德、意双方最高当局的反对和自己的兵力极为有限的客观事实，断然向英军发起进攻。3 月 31 日，隆美尔攻陷了利比亚北部重要港口卜雷加，4 月 2 日占领了利比亚北部重要城市阿杰达比亚。

原来认为德、意方面不会发动大规模进攻的韦维尔慌忙下令英军全线撤退，以免剩余的部队遭到歼灭性打击。4 月 3 日，英军放弃了昔兰尼加首府班加西，并在撤退时炸毁了所缴获的 4000 吨意大利炸药，使该城陷入一片火海。4 月 4 日，隆美尔的部队分路继续前进。此时，澳大利亚第 9 师正撤向滨海的德尔纳，英第 2 装甲师还滞留在迈基利和姆苏斯之间的地域。隆美尔令第 5 装甲师加速挺进迈基利，而较小的部分兵力前往姆苏斯，分别实施平行追击。他又派第 8 机枪营攻占德尔纳，切断迈基利和姆苏斯之间的道路，封锁巴尔比亚大道。4 月 8 日，迈基利被施特莱彻的第 5 装甲师攻克，英第 2 装甲师和印度第 3 装甲旅被全歼，包括师长、旅长在内的 3000 英军被俘。同日，第 8 机枪营等部也攻克了德尔纳，英军司令尼姆及前任奥康纳等英军高级指挥官成了阶下囚。至此，隆美尔在不到两个月内就扭转了北非战局，占领了除托卜鲁克外的整个昔兰尼加地区，在沙漠上扬起了隆美尔式的旋风。

攻占迈基利后，隆美尔就命令部队：不许休息，不得打扫战场，全速向托卜鲁克要塞挺进。托卜鲁克是昔兰尼加最具战略意义的港湾，对隆美尔来说，占领托卜鲁克，就获得了良好的补给基地。对英国人来说，若丢掉托卜鲁克，就很难挡住隆美尔乘胜攻入埃及了。英中东军总司令韦维尔决定坚守托卜鲁克，保留这一阵地作为“敌人的肉中刺”。该要塞的防御工事是意军构筑的，十分坚固。驻守在这里的英军共计 6 个步兵旅、4 个炮兵团、两个反坦克团，共 36000 人。4 月 11 日，隆美尔包围了托卜鲁克并发起进攻。由于隆美尔的兵力不及城内守军，英国人又加强了在地中海的海、空军力量，使他的补给出现极大困难。至 5 月 9 日，隆美尔的进攻仍未能得手，他到达北非后扬起的第一场沙漠旋风被挡在了坚固的托卜鲁克要塞前。

二、“战斧”失败

与希特勒不同，丘吉尔把“北非翼侧阵地”看得几乎与大英帝国本土一样重要，所以在英军被逐出昔兰尼加后，他不顾本土部队装备不足的事实，断然决定增兵北非。5 月 12 日，装载着 238 辆坦克的英国快速舰艇抵达埃及亚历山大港。韦维尔在得到增援后，在丘吉尔的敦促下，决定对隆美尔发动大规模的反攻，其行动代号为“战斧作战”。丘吉尔对该计划的目标是雄心勃勃的：一是要在北非取得一场“决定全局”的胜利，二是要消灭隆美尔的部队。韦维尔比较谨慎，说他希望这次进攻“最终将敌军赶回到托卜鲁克以西”。担任这次进攻任务的是英第 13 军，辖有第 4 印度师和第 7 装甲师，拥有 300 辆坦克，246 架飞机。而隆美尔的非洲军辖有第 5 轻装师和第 15 装甲师，拥有 150 辆坦克，139 架飞机，火炮数量也少于英军。

隆美尔预料到英军会发动反攻，这一预料又被截获的英军电讯所证实。他抓紧时间加强了萨卢姆、哈勒法亚隘口、巴迪亚的力量。为了对付英军的马蒂尔式坦克，隆美尔把他手上仅有的 12 门 88 毫米高射炮分成几组：其中一组 4 门部署在哈勒法亚，一组 4 门部署在哈菲德岭，其余 4 门部署在萨卢姆。88 毫米高射炮可以在 1800 多米的距离内击穿马蒂尔式坦克，大大弥补了德军反坦克炮火之不足。此战后，一名被俘的英军上校要求看看摧毁他的坦克的大炮，当他发现是88毫米高射炮时竟愤愤地说："这太不公平了，竟然用打飞机的高射炮来打坦克。"

6月15日凌晨4时，英军兵分三路从利埃边境向德军阵地发起大规模进攻。6月16日，隆美尔先发制人，令第15装甲师向卡普措堡猛烈反攻，同时让第5轻装甲师包围英军的左侧。拂晓进攻开始，但夺占卡普措堡的英军夜间加强了防御工事，拼命阻止德军坦克的突入。第15装甲师的进攻没有多大进展。决定性的战斗发生在南线，第5轻装甲师突破了左路英第7坦克旅的阵地。隆美尔立即押上了自己的全部赌注，电令第15装甲师只留下少数兵力扼守卡普措堡以北阵地，其余全部撤离卡普措堡，与第5轻装师一起插入英军侧翼，然后冲向哈勒法亚海岸。这样既可解除英军对哈勒法亚的包围，亦可切断英军整个远征军的退路。

6月17日凌晨6时，第5轻装师和第15装甲师分别抵达了第一个指定目标，随之击败了英第7装甲师主力。隆美尔遂敦促两个装甲师大胆迅速地向哈勒法亚攻击。德军的行动完全出乎英军的意料之外，英军高级指挥官匆忙磋商了一下，就下令部队赶紧撤退。事实上占领卡普措堡的英军不待总司令部下令，便先行擅自撤出卡普措堡以免被包围。他们连忙烧毁了辎重，扔下伤兵不顾，几乎是死里逃生。

英军全线退回了埃及境内，丘吉尔寄予厚望的"战斧作战"没有砍倒隆美尔，却以失败告终。他在回忆录中悲哀地写道"17日这天一切都糟糕透了"。此役英军损失969人，坦克100辆。德、意军损失678人，坦克62辆，其中完全被击毁的只有12辆。

三、十字军计划

6月22日，隆美尔被擢升为德国陆军元帅，达到了他一生中最辉煌的顶点。这一年，隆美尔年仅51岁。他的非洲军也升格为非洲装甲兵团，辖有第15装甲师、第21装甲师（原第5轻装甲师改编）、第90轻型装甲师（新增）。加上意大利部队，隆美尔共有3个德国师和7个意大利师（多是装备低劣的部队），坦克450辆，飞机300架。丘吉尔决心向非洲增派更多的部队，重新发起进攻。他解除了韦维尔的职务，任命奥金莱克将军为英中东军总司令，并将北非部队统编为第8集团军，下辖第30装甲军和第13军。共有7个师，坦克900辆，飞机1000余架。英军进攻计划代号为“十字军远征”，计划目标是彻底打败隆美尔，将德、意军驱逐出非洲大陆。

11月18日，英军实行“十字军”作战计划，集中10万大军，一万辆军车向轴心国军队发动进攻。英军浴血奋战，夺取敌人的军需品仓库所在地奥马尔要塞。11月27日，托卜鲁克的守军和接应他们的新西兰师会师。隆美尔眼见后方受到英军的威胁，已无法实现他雄心勃勃的计划，决定后撤。12月4日夜晚，隆美尔放弃对托卜鲁克的包围，向西撤退。12月11日，撤回贾扎拉防地。英军继续进攻。隆美尔见寡不敌众，决定退到的黎波里塔尼亚边境的卜雷加港咽喉地带。德军于12月16日晚开始从贾扎拉防线撤退。第二天英军开始追击，因下暴雨，影响了追击速度，失去了歼灭敌人的好时机。

德、意军主力撤退以后，被远远抛在后面的德、意军的几个边界据点被迫投降。英军在边境地区俘获敌军两万人。在这一战役中，轴心国死伤人数达33000人，损失坦克300辆。英方死伤不到18000人。这是德军在北非遭到的第一次重大失败。

正当英军在北非进行胜利反击的时候，远东爆发了太平洋战争。英国在远东的属地马来亚和香港遭到攻击，缅甸、印度都面临日本进攻的危险。远东的危机迫使英国把原准备增援第8集团军的坦克、大炮和部队调往东方，以致北非英军没有及时得到补充。德国方面，趁冬天苏联战场暂时沉寂之机，把从西西里岛撤走的飞机调了回来。德国飞机集中轰炸马耳他岛的英国海、空军基地，几乎断绝了马耳他岛的供应，使其处于半瘫痪状态。英国在地中海的舰队遭到重大损失。它的航空母舰“皇家橡树”号和一艘战列舰被击沉。12月18日，停泊在亚历山大港的两艘战列舰遭到意大利鱼雷轰炸机的轰炸，受到严重破坏。英国所遭受的这些重大损失，使英国海、空军对敌人的封锁削弱了。

希特勒为了征服中近东，决定加强在北非的军事力量。1942年1月5日，德国护航队偷越英国海军的封锁网，给隆美尔运去150辆新式坦克，以后又运去135辆，并增加了11个营的兵力。这使北非的兵力对比发生了有利于轴心国的变化。

隆美尔撤至昔兰尼加西部边境以后，奥金莱克不相信隆美尔还有进攻能力，没有在前沿建立巩固的防御阵地，没有埋设地雷或设置其他障碍。英军主力部队布置得很分散，供应线拉得很长，援军不易赶上。这为隆美尔的反攻留下了缺口。

奥金莱克本来准备在2月中旬发起进攻，攻入的黎波里塔尼亚。隆美尔却抢到了奥金莱克的前面，于1月21日率先发起反攻。英军遭到突然袭击，指挥部乱作一团。隆美尔猛冲猛打，英军大败而逃，到2月4日，已退到贾扎拉—比哈尔凯姆一线。

英军在贾扎拉防线重新集结进行阻击。英国军队的实力比敌人强，坦克数量以三比一占优势，大炮以三比二占优势，空军也不比敌人差。英军统帅部估计敌人会从中路进攻，因而把防御重点放在那里。

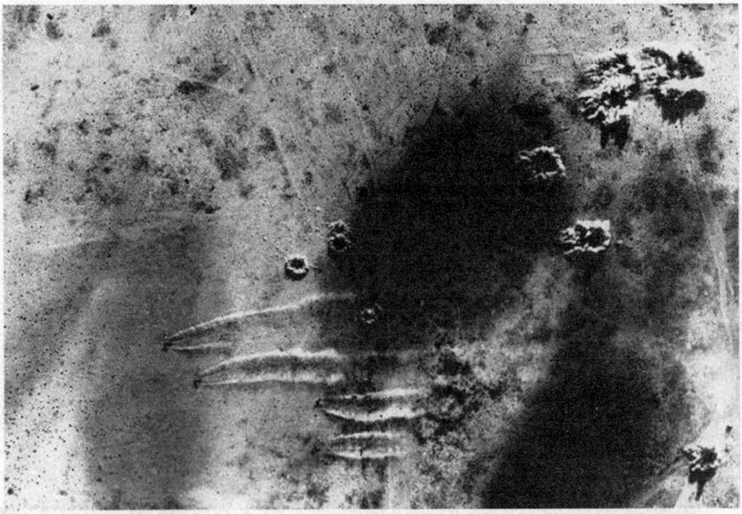

隆美尔于5月26日夜晚发起进攻。他带着3个德国师和两个意大利师，集中优势兵力绕过英军的南侧，击溃英军在南侧的两个旅，攻占英第7装甲师的师部，生俘司令官梅塞少将（后来逃出）。6月13日晚上，第8集团军司令里奇放弃贾扎拉防线，退回埃及边境，使托卜鲁克陷于包围。

托卜鲁克是英国重点设防的要塞，那里储存的弹药和物资足够守军用90天。英国战时内阁对守住托卜鲁克防线极为重视，一再责令奥金莱克将军坚守。可是前线司令官的防守意志已经动摇。结果敌人只围攻了两天，6月21日守军就投降了。

英军35000人成了俘虏。轴心国军队在托卜鲁克缴获大量的燃料、食物和军事装备。对此，隆美尔的参谋长韦斯特法尔将军报告说："战利品极多。其中有足供3万人用3个月的物资和一万余立方米汽油。如果没有这些战利品，在未来的若干月中，我们的各个装甲师简直无法得到足够的粮食和服装。"后来隆美尔用以追击英军的运输工具有80%是缴获的英国车辆。

至此，隆美尔征服了整个昔兰尼加，实现了他进入非洲后的第一个目标。

06 十面埋伏
——基辅合围战

◇ ……………

1941 年 8 月 25 日，古德里安的第 2 装甲集群率先南下，向布琼尼元帅的百万大军的后方直插下去。强大的坦克部队掀起了漫天征尘，如烈火疾风一般横扫乌克兰大平原。而苏军最高统帅部对古德里安的战略目标判断失误，还以为他是要从南翼包围苏联南方方面军和预备队方面军，迂回进攻莫斯科。希特勒放着近在眼前的莫斯科不打，而把装甲部队派往南北两翼，这本来就不合一般逻辑，苏军高层对此未能理解，这也难怪，但这正好给了古德里安更多的时间一力南进。

直到 8 月底，红军才如梦初醒，布良斯克方面军和预备队方面军的第 43 集团军于 8 月底奉命向罗斯拉夫尔和斯塔罗杜布方向出击，准备进攻古德里安的东侧翼。布良斯克方面军司令叶廖缅科曾满怀信心地向斯大林保证，说他能阻止古德里安的南下。可是他以10个步兵师和若干坦克对德第2装甲集群侧翼进行的反突击并未奏效，功力深厚的古德里安受了他这一掌，手中的“玄铁重剑”却毫发不停地继续向南刺去。

一、羊入虎口

1941年6月22日凌晨，希特勒德军不宣而战，向苏联发起全面进攻。德军在波兰和西欧已经运用纯熟的闪击战又一次大显威风，在短短的时间内，就进行了几次大的围歼战，将苏军主力部队大批大批地消灭。而苏军缺乏准备，指挥笨拙，兵败如山倒，被俘的人数常常以数十万计。这种一边倒的情况在9月达到了顶峰，在规模浩大的基辅合围战中，苏联兵力最强大的西南方面军全军覆没。

根据“巴巴罗沙”计划，侵苏德军分为北方、中央、南方三个集团军群。其中兵力最强大的是包克元帅指挥的中央集团军群，其属下古德里安大将的第2装甲集群和霍特大将的第3装甲集群，多次快速突击，大胆穿插，以钳形攻势迅速在苏军后方形成合围。在一开始进行的比亚威斯托克—明斯克会战中，德军抓到了30万以上的俘虏。紧接着从7月到8月初又在斯摩棱斯克会战中抓了30万俘虏。此时从边境到莫斯科的路程已经走完了一大半，莫斯科就在300多千米以外了。

1941年8月20日，德军进抵第聂伯河，此时，德军中央集团军群和南方集团军群之间相距550千米，如果用一条直线将两个集团军群连接起来的话，那么该直线的中心距离后方约500千米，也就是说，德军的攻击区域近似于一个等边三角形，而苏军西南方面军主力正处在这个三角形之间。希特勒抓住机会于 8 月 21 日签发了第 35 号指令，命令德军歼灭苏西南方面军所属第 5 集团军进而占领克里米亚和顿涅茨盆地的工业区，切断通往高加索的石油供应。

8 月 25 日，古德里安的第 2 装甲集群率先南下，强大的坦克部队如烈火疾风一般横扫乌克兰大平原。

与此同时，德国南方集团军群司令伦斯德命令第 17 集团军强渡第聂伯河，而克莱斯特的第 1 装甲集群以最快速度突入苏军背后，同古德里安的第 2 装甲集群在基辅侧后南北对进，形成钳形攻势。

至此，德军要围歼基辅地区苏军的意图已暴露无遗。在这种极端不利的形势下，苏军应主动撤退，以免被围。然而斯大林却仍然顽固不化，命令西南方面军不惜一切代价坚守阵地，不但原有守军不得撤离，还将大批部队从各地调到基辅战地，送入德军虎口。

二、如梦初醒

9月7、8两日，哈尔德在南方集团军群司令部安排联合作战计划的各项细节。这项作战计划的目标是夺取基辅，歼灭基辅—第聂伯—迭斯纳河曲之敌，有南方集团军群和中央集团军群两个单位参加。古德里安的第2装甲集群将从斯塔罗杜布继续向南挺进，插向罗姆内和朴里卢基，而中央集团军群魏克斯的第2集团军将从哥美尔向南运动，掩护古德里安的右翼。南方集团军群施蒂尔普纳格尔的第17集团军将把苏军部队牵制在切尔卡司以北第聂伯河的下游，在河对岸克列缅丘格附近占领一个桥头堡。克莱斯特的第1装甲集群将从这个桥头堡向北推进，与古德里安的先头部队在罗姆内和洛赫维察地区会合。这些装甲攻势将把他们西面大约六个苏联集团军切断在第聂伯河大河曲一带。与此同时，赖歇瑙元帅的第6集团军将向东运动，渡过第聂伯河和迭斯纳河，进入基辅，并开始歼灭这一大批被包围之敌。

简而言之，这是一个双重合围的计划。外线是第1、第2两个装甲集群，内线则是以步兵为主的第2、第6和第17集团军。至9月9日，德军按计划已取得很好的进展。施蒂尔普纳格尔的第17集团军已渡过第聂伯河，克莱斯特正准备北上在基辅以东约241千米处的苏军后方与古德里安会合。10日，古德里安攻克了军事要地罗姆内。11日，布琼尼觉察到处境危险，向斯大林请求东撤，却遭到拒绝。

12日，克莱斯特从克列缅丘格登陆场向卢布内方向发起进攻。

苏军西南方面军司令员基尔波诺斯上将冒着上军事法庭的危险，自行命令全线撤退，但这个命令很快就被最高统帅部取消了。

13 日，斯大林严令禁止任何形式的后撤，命令苏军不但要守住基辅，还要对德第 2 装甲集群实施反突击。他认为布琼尼怯战，解除了他的职务，由铁木辛哥元帅接替。铁木辛哥上任后，也认为只有撤退才能避免被歼。他派参谋长赴莫斯科求见斯大林，这次斯大林根本没露面，而只让总参谋长沙波什尼科夫转达他的指示：守住基辅及周围地区。

14 日，德军展开了包围苏军的最后进攻，第 1 装甲集群第 16 师猛攻卢布内，而第 2 装甲集群的第 3 师则强攻洛赫维察，两师相距 40 千米。

15 日，坦克车身上漆有其司令姓氏头一个字母“G”字的古德里安部队和漆有“K”字的克莱斯特部队终于在基辅以东 210 千米的洛赫维察会师了。两支南北对进的德军装甲精锐部队完成了合围，基辅及周围地域的苏军被团团包围。

西南方面军的部队迅速被德军分割包围，陷入了一片混乱。9 月 17 日 3 时 40 分，苏军最高统帅部终于同意撤退。然而为时已晚，苏军指挥失灵，官兵毫无突围准备，整个 17 日未组织起任何有实际意义的突围行动。哈尔德当天在他的日记中写道：“基辅包围圈里的敌军在圈内就像弹球一样地跳跃着。”

三、突围失败

18 日，也就是突围命令下达第 2 天，苏军集中了强大的兵力和坦克，向德军第 16 装甲师发动了第一次突围。苏军战士端着上了刺刀的步枪，高喊着“乌拉”冲向德军阵地。德军很快陷入危急，而恰在此时，德军的增援部队赶到，打退了苏军的冲锋，第一次突围失败了。同一天，在德军第2装甲集群的阵地，双方也展开了激烈的突围与反突围战斗，苏军出动了一个骑兵师、两个坦克旅的优势兵力向外突围，终于杀开一条血路，冲出了包围圈，但德军第3装甲师又组成了新的包围圈。苏军凶猛顽强地冲锋，付出了惨重代价，最终还是没有能够冲破包围。广阔的田野上堆满了苏军将士的尸体，局面惨不忍睹。

19日，反应迟钝的苏军最高统帅部终于下令放弃基辅。苏军放弃了城防要塞和外围工事，炸毁了第聂伯河上的桥梁，退向城内，而城内党政军要员赫鲁晓夫、布琼尼、铁木辛哥抢先逃命，乘飞机逃离了基辅。

20日，苏军又组织了第二次大规模突围，曾一度将德军阵地打开一个缺口，但不久又被德军的反突击所击败。至此，苏军再无力进行有效的突围攻击，包围圈内的苏军士兵劫数已定。同一天，西南方面军司令员基尔波诺斯、政治委员布尔米坚斯科和参谋长图皮科夫在突围战斗中壮烈牺牲。

为了接应被围困的苏军突围，铁木辛哥先后出动了几个集团军的兵力，从包围圈外向内进攻，力图挽救西南方面军全军被歼的命运，但由于方向的偏差，又遇到了德第 17 集团军的坚固防守，始终未能成功，使被围苏军失去了最后一线生机。

包围圈里的苏军越来越混乱，又被切断了后勤供应，在既无燃料又无弹药的情况下，只得整营整营地端起刺刀向德军的坦克大炮和机枪发起密集冲锋，扩音机把斯大林激励人心的讲话传遍整个战场，许多士兵阵亡时耳边仍萦绕着他的声音。这种绝望的自杀式冲锋最后成了一场德军对苏军的大屠杀，成千上万的苏军士兵倒在德军的枪炮下。

在遭受了重大伤亡而徒劳无功之后，苏军庞大的集群令人难以置信地迅速崩溃了。到 9 月 26 日，战役结束，近百万红军将士除阵亡者外，有 66.5 万人成了战俘。德军还俘获了坦克 884 辆，火炮 3718 门，车辆 3500 辆。战俘中被确定为犹太人、政委和共产党员的人被从队伍中拖出来枪决，其余的人则被押往后方去做苦役。德国人对他们极为残忍。他们中的绝大多数被劳役和冻饿折磨而死，没有几个人活到战后。

四、硝烟散尽

基辅会战，苏联最强大的西南方面军被彻底歼灭，布良斯克方面军和南方方面军受到重创。整个苏德战场的态势更加不利于苏军。德军占领基辅后，前出到哈尔科夫工业区、顿巴斯和克里米亚的各接近地，西南门户洞开，莫斯科和其他腹地都受到严重威胁。

苏联在西南的军事力量损失殆尽，不得不从远东及西伯利亚调集大批部队在更加纵深的地域重建新的防线。

苏联方面一直对在基辅的失败讳莫如深。因为这是由最高统帅斯大林本人独断专行的瞎指挥直接造成的。直到战后几十年，苏联官方史料都一直对这个战役一笔带过，并文过饰非。这也从另外一方面说明这次惨败给苏联人心里留下的阴影之大。由于俄罗斯这个民族本身的侵略性，苏军在战前的理论建设和演练基本上都是准备在境外作战的。他们缺乏国土防御作战的心理和训练准备。所以在战争初期，他们不顾实际情况，总是希望能够尽快反击，把战火烧到敌人的国土上，不成功之后，就又死守土地，不肯放弃，结果是遭到了合围，反而丢掉了主力部队和更多的国土。西南方面军将士用他们的鲜血为保卫莫斯科争取到了宝贵的时间，只是这个代价实在太大了。斯大林从此开始改正自己的错误，不再随便修改前线指挥员下的命令（而希特勒却仍然不断地犯这个愚蠢的错误）。苏军的长官意志和官僚主义作风也得到了纠正。经历了几次大败之后，布琼尼、伏罗希洛夫、铁木辛哥等过时的将领被淘汰，苏军的新一代指挥员成长起来，在交了昂贵的学费之后，他们慢慢从敌人那里学会了闪击战的战术，并以其人之道还治其人之身。

战役结束后，希特勒得意忘形，称基辅战役是“世界战争史上最伟大的会战”。而哈尔德却认为它是“东方战役中的一个最大的战略性错误”。在绝大多数的参战将领和军事史家看来，希特勒坚持先打乌克兰而搁置莫斯科，是本末倒置，在战术上取得了巨大的成功，在战略上却犯了一个巨大的错误。

如果希特勒能够采用勃劳希契的计划，于七、八月份攻打莫斯科以西的苏联西方面军，他就会拿下莫斯科，而且也可以用较少的时间和力量取得不小于基辅战役的战果，红军西方面军如果不是全部也将大部被歼灭。更重要的是，莫斯科被打下来，对于全局的影响会大得多，不但会使苏军失去铁路枢纽而运动不便，更会造成巨大的心理震撼，大大影响苏联军民的士气。

古德里安的第 2 装甲集群在完成基辅战役之后，立即回师中央战线，不顾人员疲劳和战斗损失、机械损耗严重，马不停蹄地连续作战，在其后的一个月里又在维亚济马—布良斯克合围战中扮演了重要角色。这次巨大的战役又俘虏了苏军 66.3 万人和大量武器装备。但是无论如何，此时进攻莫斯科的最佳时机已经永远地错过了。从 8 月初到 10 月初，整整两个月里，中央集团军群在离莫斯科 300 千米的地方，实际上是在消极等待，无所作为。利用这段时间，苏联人加紧充实了莫斯科的防务。最重要的是，俄罗斯漫漫的严冬就要到来，它曾经埋葬了拿破仑征俄的大军，现在它又将埋葬数以万计的德国入侵者。

当然，也有另外一种观点，认为希特勒的战略决策是对的。因为如果在打下斯摩棱斯克之后就马上进军莫斯科的话，中央集团军群会由于过分前伸而成为孤军，其两翼会完全暴露在苏军重兵集群的面前，甚至有可能被合围。而且，迅速进军，漫长的补给线不及建立和巩固，也会非常的脆弱，使得后勤补给越来越难以为继。先占领乌克兰，拉直了战线，就避免了这些问题，为中央集团军群进攻莫斯科创造了良好的条件。而乌克兰的丰富资源又确实给德国的战争机器提供了强大的支持。这在以后几年的苏德相持大战中，是至关重要的。

07 血染的半岛
——克里米亚会战

◇

克里米亚半岛位于苏联欧洲部分南端，它就像一只伸展开全部触角的巨型章鱼，长年不动地悬浮在黑海北部海面上。这里是连接欧洲和中近东的重要海上通道，在它的南部海岸，与土耳其遥遥相对，西部则是罗马尼亚和保加利亚。苏德战争爆发后，希特勒即指示南方集团军群尽快攻占克里米亚，并通过刻赤海峡进入高加索。这一行动既可以避免以克里米亚为基地的苏联空军对罗马尼亚油田构成的巨大威胁，又能够促使土耳其在政治上靠近德国。

一、会战准备

克里米亚会战又译克里木战役，是1941年至1942年在第二次世界大战的苏德战争中，德军南方集团军群为夺取克里木半岛（克里米亚半岛）而实施的进攻战役。

南方集团军群以第 11 集团军向克里米亚进攻。该集团军辖有第 30 军、第 49 山地军、第 54 军计 3 个军 9 个师。此外，罗马尼亚第 3 集团军也归德第 11 集团军指挥。1941 年 9 月 12 日，原北方集团军群的第 56 装甲军军长曼施泰因上将被提升为第 11 集团军司令。

南方集团军群司令部要求第 11 集团军在进攻克里米亚的同时，还必须在南方集团军群的右翼前进，追击向东撤退的苏军。这给曼施泰因出了个难题，他明白，由于罗马尼亚军团的战斗力很弱，而要靠德军的一个军团去同时完成这两个任务，其力量是远远不够的。他权衡再三，决定把攻占克里米亚放在首位，用少量的兵力继续向东追赶撤退的苏军，把主要力量抽回来进攻克里米亚。他这一招是相当冒险的，东面的苏军可能会停止退却并发动反攻。

要攻占克里米亚是异常困难的，苏军在半岛上不仅驻扎了重兵，而且控制了这里的制海权和制空权。加上半岛地形复杂，进入半岛只能通过皮里科普地峡，若从陆上进攻，则必须通过毫无隐蔽的开阔沼泽地，那里有苏军坚固的防御工事和深达 15 米的古代工事“鞑靼壕沟”。若从水上进攻，地峡两侧的水太浅，船只无法靠近。

1941 年 9 月 24 日上午，在做了充分准备后，曼施泰因命令第 54 军开始进攻皮里科普地峡，他调集了尽可能多的炮火来支援主攻部队。经过巨大的伤亡，第 54 军两天后占领了皮里科普地峡，又经过三天的苦战，肃清了这一地区内的其他苏军，冲入了比较开阔的地区。双方损失都极为惨重，德军俘虏了约一万名苏军，取得了初步胜利。但苏军又从海上不断进行增援，半岛上的苏军很快增加到 6 个师。这时东面战场又出现危机，向东撤退的苏军发现了曼施泰因的计谋，集中了 12 个精锐师向德军发起反攻，德第 11 集团军

的处境岌岌可危。曼施泰因只得将第 49 山地军调往东面，以稳定罗马尼亚第 3 军团的防线。10 月 1 日，克莱斯特的第 1 装甲兵团趁第 11 集团军牵制着苏军大量兵力之际，从北面向苏军发起攻击，曼施泰因也下令德军第 30 军和罗马尼亚第 3 军团发起反攻，结果将苏军包围和大量歼灭，俘虏了苏军 6.5 万人。东面压力减轻后，曼施泰因继续集中两个德国军（第49 山地军已调给克莱斯特的第1 装甲兵团）和一个罗马尼亚军全力夺取克里米亚。

二、相互交锋

但这时苏军为了守住克里米亚，已于 10 月 6 日撤出了敖德萨，从海上将援军运到克里米亚，使这里的苏军兵力达到 12 个师。曼施泰因向希特勒紧急呼吁要求派出援军，希特勒给他增加了第 42 军、第 132 和第 24 步兵师。10 月下旬双方在克里米亚展开了激烈交锋，曼施泰因驱使部队向苏军发起一次又一次的猛烈攻击。苏军则凭借有利地形拼死抵抗，苏空军飞机也赶来助战。苏军还装备有一定数量的坦克，而德军一辆坦克都没有。参加攻击的各师德军都付出了惨重的代价，到10月25日，德军已是筋疲力尽了，“战斗的胜负好像是摆在刺刀的边缘上一样”，稍微坚持不住胜利就会倒向敌方一边。结果还是苏军最先顶不住了，10月28日，苏军防线开始崩溃，曼施泰因指挥疲惫不堪的部队向苏军发起不间断的追击。到11月16日，除了半岛南端的塞瓦斯托波尔要塞外，整个克里米亚都落入了德军之手，20万苏军有10万被俘，其余的撤到塞瓦斯托波尔要塞内。

12月17日，曼施泰因指挥德军对塞瓦斯托波尔要塞展开了第一波攻击。先是大规模的炮轰，随后第30军和第54军分别从南北两个方向向要塞攻击。苏军拼命死守，逐个碉堡激烈争夺。德军的进攻矛头已经邻近要塞中著名的斯大林堡垒。这个堡垒如果拿下，则德军炮兵就可以控制整个海湾地区。

正当曼施泰因指挥德军在塞瓦斯托波尔要塞苦战时，苏军又在克里米亚东端的刻赤半岛的费多西亚登陆，使正在进攻塞瓦斯托波尔要塞的德军受到两面夹击。曼施泰因立即命令防驻刻赤的第42军军长斯波尼克，把刚刚登陆立足未稳的苏军赶下海去。但斯波尼克害怕苏军切断自己的退路，擅自命令部队撤出了刻赤。曼施泰因为严肃军纪，将斯波尼克判处死刑，并命令部队在刻赤西面筑起防线，以制止苏军进一步扩大战果。12月30日，参加攻击塞瓦斯托波尔要塞的德军也已成强弩之末，在突入斯大林堡垒的外围后，就不能再向前了，曼施泰因不得不下令停止对塞瓦斯托波尔要塞的攻击。

三、苏军败退

1942 年 1 月 5 日，曼施泰因出动第 30 军和第 42 军向登陆的苏军发起反击。这次反击带有很大的冒险性，因他手下只有 3 个半已减弱的德国师和一个罗马尼亚旅，而所面对的苏军，已增加到 8 个师和一个旅。但曼施泰因还是取得了局部的成功。18 日，他夺回了费多西亚，俘虏苏军一万多名。但苏军并不想轻易放弃这一地区，仍然在向刻赤半岛增兵，因为他们在这里享有制海权的优势，另外苏联的宣传已把苏军在克里米亚的反攻与领袖斯大林联系起来，宣称这一反攻是在斯大林同志直接指挥下进行的。这回骑虎难下，不好收场了。

3 月 13 日，苏军动用 8 个步兵师和两个装甲旅的兵力从东面发起了大规模的反攻，而曼施泰因也得到了新组成的第 22 装甲师和第 28 轻快师的增援，双方在克里米亚展开了激烈的混战。到 4 月 11 日，苏军的反攻被击退。但要把刻赤强大的苏军赶走或消灭，曼施泰因手下的兵力还无法达到。为此，曼施泰因要求希特勒派大量的空军支援，先夺取刻赤，再攻塞瓦斯托波尔要塞。希特勒同意了他的要求。5 月 8 日，在用少量兵力围困塞瓦斯托波尔要塞的同时，曼施泰因集中了 5 个德国步兵师、一个装甲师加上两个罗马尼亚师和一个骑兵旅的兵力向刻赤大举进攻，德国空军密切配合了这次行动。经过 10 天激战，到 5 月 18 日刻赤战役基本结束，德军以损失 7500 人的代价几乎全歼了苏军第 44 集团军和第 51 集团军，俘虏苏军 17 万人。

刻赤战斗结束后，曼施泰因即开始准备征服克里米亚半岛的最后一个据点塞瓦斯托波尔要塞。该要塞由苏军海岸军团负责防御，约有 7 个步兵师、一个骑兵师和 3 个海军陆战队旅。德军兵力为 6 个步兵师和一个轻快师。曼施泰因对这次攻击进行了充分准备，他在 3 千米正面上展开了 208 个炮兵连，每千米长的正面，差不多有 10 个炮兵连，这在第二次世界大战德军发起的攻击中是绝无仅有的。为了便于发挥炮兵和空军的威力，曼施泰因把主攻方向选在地形较为平坦的要塞的北面，而只在南面实施牵制性攻击。

1942 年 6 月 7 日拂晓，曼施泰因下令对塞瓦斯托波尔要塞发动攻击。德军炮兵对事先标定的苏军堡垒发起空前猛烈的射击。同时，空军也纷纷扑向既定的目标。这是一场惨烈残酷的攻坚战，在德军几个师步兵发起冲锋后，苏军凭借坚固的阵地进行了异常顽强的抵抗，并一再发动反击。曼施泰因后来回忆道：“无论是大型据点，还是小型碉堡，苏军常常打到最后一人一弹为止”。“双方都是寸土必争，每一个碉堡和每一条堑壕，都要经过浴血苦战”。

6 月 13 日，德军第 22 师的第 16 步兵团攻克了斯大林堡垒。在上年冬季，德军的攻势就停留在这里。在这个堡垒面前，德军死伤枕藉。一位参加过上次攻势的德军伤兵，依在堡垒的墙壁上，用沾满鲜血的手摸着被炸毁的残垣断壁，用剩下的一口气说：“斯大林堡垒，现在我摸到你了！”随即倒地死去。6 月 17 日，德军终于在北面的要塞地区深深楔入。此时德军已伤亡惨重，有的连仅剩下七八个人了。曼施泰因一方面将预备队派上去顶替前沿部队，另一方面向德国陆军总部要到了3个步兵团的援军。当德军在6月26日付出惨重伤亡夺取了苏军的外围防线后，其忍耐力已达到极限。为了最后夺取塞瓦斯托波尔要塞，曼施泰因改强攻为奇袭，于6月29日凌晨派突击队在苏军认为根本不可能发起进攻的地点，秘密渡过塞瓦斯托波尔湾，从南岸攀登上岩石绝壁，突然袭击苏军阵地背后。然后他指挥德军主力在猛烈的炮轰之后发起大规模进攻，使城内苏军陷于腹背受敌的困境。7月4日，退到半岛顶端的9万多苏军残部看到海军的接应已经毫无希望，终于投降。德军缴获火炮460门，其他战利品不计其数。德军也付出了惨重代价，死亡约2.4万人。至此，曼施泰因终于征服了整个克里米亚半岛，他因此被希特勒晋升为元帅。

08 一寸河山一寸血
——淞沪会战

◇

1937 年日本帝国主义制造卢沟桥事变，企图在华北制造第二个“满洲国”，中国统帅部知道大战不可避免。遵照国防计划甲案，陆军为确保首都安全，先准备集中兵力歼灭上海的 3000 日军海军陆战队；海军准备堵塞江阴，全歼日军长江舰队，但机密泄露，日本长江舰队仓皇逃出长江口。中国军队一不做，二不休，在华北已经开战的情况下，决不能容忍日本海军陆战队在上海的存在。

一、寸步不让

在全民抗日浪潮推动下，国民党政府第二天发表了《自卫抗战声明书》，宣告“中国决不放弃领土之任何部分，遇有侵略，唯有实行天赋之自卫权以应之”。1937 年 8 月 14 日，当地国民党驻军第 9 集团军在总司令张治中的指挥下，以 3 个德械师开始总攻，中国空军也到上海协同作战。15日，日本正式宣布组建上海派遣军，以松井石根大将为司令官，率领两个师团的兵力开往上海增援，进一步扩大对中国的侵略战争。日军增援部队在中国军队侧后方上陆后，中方已经无力消灭日军陆战队，蒋介石为首的中国军队统帅部，这时考虑在上海作战比在遥远的北方大平原作战补给方便，且能避开机动力占优势的日军。而且上海是国际大都市，有外国租界，在这里开战极有可能引起大国势力的干涉，如果打得好，可能在外国调停下赢得一个光荣的和平，进而挫败日军对华北的野心。这对相对弱小的中国来说是极为有利的。

8月9日下午上海虹桥机场事件发生后，时任京沪警备司令的张治中立刻在其苏州的住所召见第2师补充旅副旅长杨文璟（旅长钟松在庐山受训），要杨文璟亲自到上海调查事件真相（机场守卫部队隶属第2师补充旅）。经杨文璟实地调查核实，认为：此事件的发生有偶然性，属于突发事件，并非中日两国蓄意而为之。尽管如此，但在当时，中日双方已经是剑拔弩张、战争一触即发之际，两名日本军人擅自驾车持枪强闯机场警戒线是一种严重的挑衅行为，也点燃了战争的导火线。

事件发生第二天，中日双方就此事开始交涉和谈判。11日，日方代表蛮横提出：中方撤退上海保安部队，撤除所有防御工事。上海市市长俞鸿钧秉奉蒋介石之命，严词拒绝。此时，日本已经做好大打出手的准备。第3舰队司令官长谷川清命令日舰开进黄浦江、长江各口岸，所属分舰队紧急开赴上海待战，同时命令在佐世保待机的海军第1特别陆战队以及其他部队增援上海。

为抢得战争主动权，赶在日本援军到达之前消灭驻沪日军，中国组织淞沪作战部队张治中部第9集团军（下辖3个师和一个独立旅）准备围攻日军。13日，战争爆发，中国军队对上海市区之敌发动全面进攻，同时出动空军，轰炸日海军陆战队司令部、汇山码头及海面舰艇。其攻击重点最初为虹口，后转向公大纱厂。“八一三”淞沪会战开始时，中国军队占了绝对优势，除两个精锐师外，还有两个装备德国火炮的重炮团，即炮兵第 10 团（100 毫米加农炮）和炮兵第 8 团（150 毫米榴弹炮），加上坦克、空军助战，按理应具有压倒性优势。其时日军在上海的部队仅海军陆战队 3000 多人，紧急从日本商团中动员退役军人，合计也不过 4000 人（国民党夸大为一万人以上），重武器也不足，但其依靠坚固工事顽强抵抗，致使中国军队一直无法完成重大突破。

二、增兵鏖战

中日都增兵后，双方鏖战更趋激烈。8 月 31 日拂晓后，日军以飞机 30 余架，并以海军舰炮猛击吴淞，强行登陆；日军另一部由市轮渡码头登陆。中国守吴淞的第 61 师的一个团，伤亡过半，不支后退；唯吴淞炮台，仍由上海保安总团固守。张治中将在刘行的第 6 师调到杨行、吴淞，驱逐登陆之敌。该师于 31 日夜，向吴淞攻击前进，与敌遭遇于杨行以北地区，发生激战。又第 61 师因损失惨重而被缩编为一个团，师长杨步飞被撤职，军政部命令第 2 师补充旅（即独立第 20 旅）充编该师，重组后的第 61 师下辖两个旅，钟松任师长，杨文瑔任第 181 旅旅长，邓钟梅任第 183 旅旅长。随后该师奉命在唐家宅、陈家行一线沿蕰藻浜右岸阻击日军，与日军第 9 师团往返拼杀，战况惨烈，两名团长壮烈牺牲（第 361 团团长李忠、第 365 团团长季韦佩）。

9 月 1 日，日军 1000 余人围攻狮子林炮台。日军为连接和扩大两个师团的登陆场，于 9 月 2 日至 5 日，连续以军舰、飞机、坦克支援，向防守月浦、宝山的中国第 98 师夏楚中部发动猛烈进攻，98 师一部与敌反复白刃搏斗，多数牺牲。因伤亡过重，第 98 师撤

出阵地。9 月 5 日，日军集中 30 余艘军舰，掩护陆军向宝山发起猛攻，中国军队顽强抵抗，奉命坚守宝山的 98 师第 583 团 3 营 500 余人在营长姚子青率领下，抱定与阵地共存亡的必死决心，一次次打退敌军疯狂进攻。日军施放硫黄弹，城中燃起冲天大火，所有建筑化为瓦砾堆。战至 7 日晨，日军以坦克为前导始得突入城内，姚子青率全营官兵与敌巷战，打尽最后一颗子弹，至当日上午 10 时，除一人前夜受命突围向上级报告军情外，其余全部壮烈牺牲。

日军逐渐掌握战场的主动权，日本最高层决定将侵华的主要作战方向由华北转移到上海，并要求加快上海战役进程，再次作出增兵的决定，将华北方面军所属第 9、第 13、第 101 师团转隶上海派遣军序列。此外，还从台湾调来了步兵旅团、重藤支队、第 1 后备步兵团以及伪靖安军第 1 旅、伪李春山旅和伪于芷山旅等部队。这样，加上原有的几个师团，日军到 9 月下旬在上海的兵力，光步兵就达到了当初松井石根要求的 5 个师团：第 3 师团，师团长藤田进；第 11 师团，师团长山室宗武；第 9 师团，师团长吉住良辅；第

13 师团，师团长荻洲立兵；第 101 师团，师团长伊东政喜。算上空军和海军的兵力，日军在沪总兵力达到 20 万人。

三、攻守转换

中国军队转入防御后，日军开始发动大规模进攻。9 月 22 日，日军集中主力猛攻固守罗店的左翼军阵地，防守这里的第 18 军和叶肇第 66 军拼死抵御，阵地屹立不动。次日黎明至 24 日夜，日军复以两个师团持续冲锋，国军第 159、第 160 师以全体阵亡的代价坚守了 12 个小时。为此日军也付出了惨重代价。

10 月 15 日，日军突破蕰藻浜，战局再度告急。此时从广西调来的第 21 集团军抵达淞沪前线，蒋介石急将该集团军 10 个师编入中央军序列，领取作战军械和弹药。第 21 集团军属李宗仁、白崇禧桂系的王牌部队，以能打能拼在地方军中享有威名。白崇禧这时向蒋介石献策，认为纯粹被动防守非长久之计，徒增伤亡更无法取胜，必须以一支主力突击部队主动出击，实行积极防御的策略，蒋介石于是下达了实施反击作战的命令。10 月 19 日，中国守卫蕰藻浜南岸的部队，配合廖磊第 21 集团军发动全线反击。当日，日军吉住良辅第 9 师团、伊东政喜第 101 师团及第 3 师团一部，亦向蕰藻浜南岸发起猛攻。双方主力迎头相撞。桂军初上战场，毫无与日军交锋经验，以血肉之躯冲进密集弹雨，将日军施放的烟雾误为毒气，队形自我混乱；加上当时淞沪战场上只有桂军头戴钢盔、身穿黄色军服，极为显眼，成为日军射击的活靶子，遭日军飞机、火炮、坦克和机枪密集火力突击，两万大军一日即被打散，上万敢死队大部分战死。该集团军仅旅长即阵亡6人。激战至25日，部队被迫撤退。左翼军4个团在广福南侧向北路日军反击作战，也被日军击退。日军乘机反扑，兵锋直指大场。

10月23日，日军以重兵直趋真太公路，威逼大场左翼。刘行方面日军渡过蕰藻浜后攻向大场以西塔河桥，我军第18师朱耀华、第26师刘雨卿、第67师黄维等部经过艰苦抗击，阻住日军攻势。此时，中国军队从大场东面，经大场、市中心向东北而成一半圆形阵线，绕于江湾以北。庙行、大场位置突出，遂成日军眼中钉，日军调集各种火炮、飞机集中猛烈轰击，方圆数里，几为焦土。日军接着又以40余辆战车为前导，掩护步兵夺占胡家桥、塔河桥、走马塘等处阵地。为保存实力，守军在作出最大努力抵抗后向南翼转移，大场失守。

大场丢失全线撼动，塞克特防线实际上已被突破。第三战区只得作出放弃北站——江湾阵地之举。中央军部队撤退到苏州河南岸，左翼军也奉命转移。至10月28日，中国军队退入浏河、沈家桥、朝王庙、徐家行、广福、陈家行、江桥、北新泾至梵王渡一线的第二期既设防御阵地，新防线长达35千米。

四、八百壮士

在全军撤退苏州河南岸之时，蒋介石想到苏州河以北阵地亦不可轻易拱手奉送日军，此时又获悉国联要在11月初在日内瓦开会，届时将接受中国控诉，为获取国际舆论的同情，有必要留下少部兵力坚守苏州河以北地区，直至会议召开。经蒋介石本人亲自下令，第88师奉命留下一个团，死守闸北，牵制日军。师长孙元良在团以上军官会上，问谁愿意挑这副重担，第524团中校团副谢晋元当即表示愿意留下。于是，决定以该团第1营为基干，组成加强营。全营共有3个步兵连、一个机枪连、一个迫击炮连，共420余人，对外仍用团番号，称800人，由团副谢晋元、第1营营长杨瑞符少校等率领，以四行仓库为固守据点，实施掩护任务。

谢晋元受领死守四行仓库的任务后，对全体官兵说："国家兴亡，匹夫有责。我们是中国人，要有中国人的志气。现在我们四面被日军包围，这个仓库就是我们的最后阵地，也可能是我们的坟墓，只要我们还有一个人，就要同敌人拼到底!"全体官兵表示：誓与四行仓库共存亡!

四行仓库是大陆、金城、盐业、中南4家银行的储备仓库，位于苏州河北岸西藏路附近，是一座钢筋水泥结构的7层大楼，楼高墙厚，易守难攻。这里曾是第88师司令部驻地，储备了不少弹药和粮食。仓库的西面和北面是中国地界，已被日军占领，东面是公共租界，南面是苏州河，河的南岸也是公共租界。因此，四行仓库同未被占领的中国地界完全隔绝，成为一个"孤岛"。坚守四行仓库的八百壮士，也就成了孤军。

谢晋元率部进入四行仓库后，迅速加强了四周防御工事，并在四行仓库内部署兵力，构筑强固工事。四行仓库内有大量的大豆、小麦，这些包装粮食的麻包成了理想的构筑工事的材料。他们用麻包堵住了仓库的大门，封闭了所有的窗户，留出了射击孔，派人分层据守。为了隐蔽部队，还把大楼的电灯全部破坏掉，同时焚烧了仓库周围的房屋，防止日军据此向大楼进攻。

27日中午，日军开始从西面的交通银行方向向四行仓库逼近，当即遭外围阵地守军顽强抗击。日军扔下数具尸体，抱头回窜。随后，日军纠集兵力再次扑向外围阵地，外围守军进行英勇抵抗后，退入仓库。日军占领外围阵地后，立即猛攻仓库大门。日军兵力几倍于守军，但八百壮士沉着应战，全楼火力一齐射击。三连连长面部受伤，血流满面，仍不下火线，一面以毛巾捂住伤口，一面继续指挥战斗。是日，日军遗尸80余具，四行仓库丝毫无损。

随后两日，日军动用飞机、坦克，连续向四行仓库发动猛烈进攻。八百壮士凭借坚固工事，顽强抵抗。谢晋元亲手毙敌一名。日军屡遭重创，毫无进展。四行仓库巍然屹立。

经过三昼夜浴血奋战，将士们已疲惫至极，但士气仍然十分高昂。谢晋元在阵地上赋诗一首："勇敢杀敌八百兵，抗敌豪情以诗鸣；谁怜爱国千行泪，说到倭奴气不平。"激励大家奋勇杀敌。杨瑞符召集官兵讲话，说："望各位爱国的男儿都抱定必死的决心，和谢团副、本营长死在一块吧！大家可以简单地写遗书一封，通知家中。写好后，收集起来，等待将来设法送到邮局去，以表示大家牺牲的决心。"

30日，日军向仓库发起总攻。战斗从上午7时开始，一直持续到午夜。早已置生死于度外的勇士们，众志成城，凭坚固守，日本侵略军徒唤奈何。日军虽有飞机，但不敢投弹；虽有大炮，却不敢轰击。因为仓库附近就是公共租界，若流弹落入租界地区，就会引起国际争端，他们只好望楼兴叹。

八百壮士在四行仓库与日军血战4昼夜，歼敌200余名，自己仅伤亡20余人，胜利完成任务。

五、中方撤退

淞沪会战进入11月初，中国军队虽处于被动地位，一再后撤，但仍控制上海，这无疑是与日本当初的判断和盘算背道而驰的。日本是个岛国，资源有限，同中国这个庞然大国比拼耐力和韧劲，是万万消耗不起的，因此唯一途径即是速战速决。此时，日本统帅部对于日军经数次增兵后依旧无法取得决定性胜利，甚至没能从根本上改变会战态势，感到极为恼怒，同时也大为焦急。大本营经过审慎研究商讨后，认为中国已倾全国兵力之五分之三云集上海，已然摆出决战架势，而此前日军一直投放主力于华北方向寻求决战，无异于战略部署的浪费，因而提出目前刻不容缓的是迅速结束上海战役，并决定将战略重点转向华中、华东。

就在敌人大举调兵遣将、即将大兵压境之际，蒋介石却又沉迷于列强干涉制止日本侵略的希望中，这样的念头他一直没有断绝过。淞沪这一仗，他是被日本人逼迫太甚不得已而为之，“打”的目的是为了将来可以更好地“谈”。而国际社会的“调解”，就是他紧抓不放的救命稻草。所以，当蒋介石闻听国际联盟要于 11 月 3 日在布鲁塞尔召开“九国公约”会议，讨论中日之战，立刻喜出望外。本来，蒋介石已听取了白崇禧、陈诚等人建议，决定放弃上海，采取持久战策略，下令全军退到上海外围既设之国防工事固守，抗击、消耗日军，这么做在当时形势下是明智的可行之举。但“国联”要开会的消息传来，却搅乱了蒋介石的头脑，他在命令下达的第二天，11 月 1 日夜 10 时偕白崇禧、顾祝同等人乘火车，冒雨来到国民党淞沪前线中央军总部驻地南翔，在一所小学里召集师长以上将领参加的紧急军事会议。在会上蒋介石说什么九国公约会议对国家命运关系甚大，我要求你们做更大的努力，在上海战场再支持一个时期，至少 10 天到两个星期，以便在国际上获得有力的同情和支援，上海是政府的一个很重要的经济基地，如果过早地放弃，会使政府的财政和物资受到很大影响。会后，便宣布撤销撤退命令，各部队坚守原先阵地。新命令传到阵地上，部队一片哗然。

短短时间内命令两次反复，使得中国守军士气大受影响，一些已经卷好铺盖要走的士兵只好又匆匆返回阵地，队伍秩序开始出现混乱。

11 月 5 日拂晓，日本新组建第 10 军在柳川平助指挥下，由舰队护送在杭州湾金山卫附近之漕泾镇、全公亭、金丝娘桥等处突然登陆，包抄淞沪中国军队防线南方的背后。与此同时，日第 16 师团在中岛今朝吾指挥下在江苏太仓境内的白茆口登陆成功，前锋直指京沪铁路和公路，形成合拢之势。苏州河北岸的日军 6 个师团于 10 月 31 日强渡苏州河后，这时迅速向两路登陆日军靠拢，淞沪地区中国 70 万大军顿陷危险境地，再不撤退将成瓮中之鳖，被日军一网打尽。此时的南京统帅部和淞沪战场各个高级指挥部已经方寸大乱，是撤是守，争执不下。蒋介石死抱着对国联不切实际的幻想，迟迟不肯下令后撤。他表示，只要我们在上海继续顶下去，相信“九国公约”国家会出面制裁日本——此时此刻还在做梦。白崇禧告诉他，前方将士听到日军登陆消息后人心惶惶，有的部队已经出现混乱，大有控制不住之趋势，再不撤退 70 万人只有白白等死了。于是蒋介石不再坚持，在 11 月 8 日晚下令进行全面撤退，所有部队撤出上海战斗，分两路退向南京、苏州——嘉兴以西地区。由于命令仓促，指挥失控，大撤退结果演变成大溃退，各部队完全没有章法，陷入极度紊乱。日军以飞机在天上轰炸扫射，地面部队穷追不舍，势如破竹地一一攻占上海各镇。本来中国军队计划撤到吴福线、锡澄线、乍嘉线和海嘉线一带，依托原有的坚固国防工事，作持久抵抗。但当部队进入工事后，才发现混凝土用手可以捏碎，机枪射口大如门窗，各个碉堡间无交通壕连接，修建的 300 多个机枪掩体有一半不可用等，甚至闹出了部队要进入工事一找不到钥匙二没有工事图纸的惊天大笑话。国民政府首都南京于是门户大开，日后的南京保卫战遂毫无意义。

自 9 日起，日军击退中国军队零散抵抗，连占虹桥机场、龙华、枫泾、青浦。11 日，日军进至苏州河岸，南市及浦东我担任掩护任务的部队奉令撤出阵地。当日，上海市市长俞鸿钧发表告市民书，沉痛宣告远东第一大都市——上海沦陷。

11 月 13 日，国民政府发表告全体上海同胞书，声明：各地战士，闻义赴难，朝命夕至，其在前线以血肉之躯，筑成壕堑，有死无退，阵地化为灰烬，军心仍坚如铁石，陷阵之勇，死事之烈，实足以昭示民族独立之精神，奠定中华复兴之基础。中国军队向吴福、澄锡国防线撤退，江阴保卫战开始；至此，国军以 60% 的精锐部队损失殆尽的代价打破了日军 3 个月灭亡中国的狂妄话语，淞沪会战拉下帷幕。

六、虽败犹荣

日军在上海浴血战斗 3 个月，才勉强攻下国军的阵地，已经使得世界各国对于中国的抗日实力与决心产生刮目相看的态度，而日军久战未胜，日本的民心士气，则出现了怀疑与困惑。日本几乎已经可以确定，无法在短期内结束与中国的战争，那么日本就将面临其战略上最大的致命弱点，就是日本缺乏战争与民生的资源，根本经不起长期的消耗，一旦它无法在中国战场上达成速战速决，那么最后的溃败，也就成为日本无法避免的命运了。

在淞沪会战惊心动魄的 3 个月当中，全中国上下凝聚出了一个共识，就是为了抵抗日本的侵略，中国“纵使战到一兵一枪，亦绝不终止抗战”。这是中华民族历史上最为悲壮的决定，整个民族决心以全面的牺牲来面对历史危机的挑战。当时国民政府发表自上海撤退的声明，可以说是对于这场会战的过程与意义做出的最好历史见证与结论。蒋介石与全体军民的共同结论是，虽然上海作战失败了，但是中国决心以更广大之规模，从事更持久之战斗。

这次淞沪会战，中国虽然战败了，付出了极其昂贵的代价，但为中国民族工业内迁争取了时间。它让世界清楚地看到中国政府的立场：不再等待日本“和平”地将领土一块一块地征服侵吞，也证明了中国绝不会向日本投降。

09 中华扬威
——台儿庄大捷

◇

台儿庄大战的指挥张自忠、庞炳勋原本相识，更有一段仇怨。张、庞均是西北军冯玉祥旧部，中原大战时，庞炳勋暗降蒋介石，临阵倒戈，使张部大损，张自忠亦受重伤。此次临沂危急，李宗仁无可调之兵，遂派张自忠前往。二人尽弃前嫌，共御外敌，方有台儿庄之捷，更有言若无战场决策失误，才能全歼板垣征四郎师团。“兄弟阋于墙外御其侮”，此正是我八年抗战之依靠。

一、徐州初胜

台儿庄位于枣庄南部，地处徐州东北30千米的大运河北岸、临城至赵墩的铁路支线上，北连津浦路，南接陇海线，西面毗邻南四湖，乃南下徐州的最后一道屏障，兵家必争之地，是日军夹击徐州的首取之地，可见台儿庄地理位置的重要。日军夺取山东要地后，增加兵力，追击当面中国军队。日军第 10 师团由北向南展开进攻，第 5 师团由东北方向从临沂向峄县（今峄城）进攻配合作战。日本侵略军 1937 年 12 月 13 日和 27 日相继占领南京、济南后，为了连贯南北战场，迅速实现灭亡中国的侵略计划，决定以南京、济南为基地，从南北两端沿津浦铁路夹击徐州。

1938 年 1 月 26 日，日军第 13 师团向安徽凤阳、蚌埠进攻。日军以为拿下蚌埠已是易如反掌之事，不料进至明光以南，即为李宗仁部署的李品仙的第 11 集团军和于学忠的第 51 军，利用淮河、淝河、汇河等地形堵截，双方血战月余，不分胜负。第 5 战区以第 59 军军长张自忠率部驰援，进至固镇地区，协同第 51 军在淮河北岸地区顽强抗击日军。敌军在此停留，竟不能越雷池一步，这大出日军主将畑俊六所料，使其十分恼怒。于是，畑俊六遂自南京调集援兵及坦克、野战炮等重武器，倾巢来犯。敌人汹汹而来，李宗仁感到硬拼、硬堵要吃亏。待敌援军聚集明光一带时，他命坐镇蚌埠的李品仙将 31 军于 1 月 18 日自明光全线西撤山区，伺机出击，将津浦路南端正面让开；将于学忠的 51 军南调，布防淮河北岸，凭借险要地形，拒敌越河北进。敌援军以饿狼扑食之势猛扑明光，结果扑了个空，没有捕捉到李品仙的主力。接着日军攻下定远、怀远等地，但一无所获。此时西撤的 31 军遵李宗仁指示，从敌军左侧向东出击，将津浦路之敌截成数段，围而歼之。淮海前线之敌，后路忽被斩断，不知凶吉，费九牛二虎之力将 31 军从津浦线向西压。李宗仁遂命部队采用敌进我退、敌退我进的战术，牢牢地盯住津浦线。此时参加淞沪会战的 21 集团军北调合肥，以其第 48 军固守炉桥地区，第 7 军协同第 31 军迂回攻击定远日军侧后，迫日军第 13 师团主力由淮河北岸回援。第 59、第 51 军乘势反攻，至 3 月初恢复淮河以北全部阵地。第 21 集团军和第 31 军旋由淮河南岸向北岸集中，淮河两岸日军首尾难顾，与中国军队胶着于津浦沿线，从而使日军对淮河流域的进攻宣告彻底破产。

徐州以南地区之战，日军损失达三四千人，中国军队取得了辉煌的战绩。这次胜利，除了中国军队的浴血奋战之外，皖北人民对军队给予了极大的支持。皖北人素称强悍，英勇善战，当地有句俗话说："纸糊的江南，铁打的皖北"。当日军侵入淮河流域之际，皖北人民就自动组织起来，协助中国军队阻击日军，在定远、明光等地，日军都遭到了当地民众武装的袭击，把日军搞得像热锅上的蚂蚁，这些武装的民众潜伏在城镇中、村庄里、山林间，日军每到一村一镇都会遭到他们的打击。当时的红枪会等武装组织约有3000多人在皖北到处袭击日军，搅得日军日夜不得安宁。

二、惩前毖后

中国共产党领导的抗日武装在淮河流域的阻击战中也起了配合作用。在南京沦陷前不久，中共驻南京代表团就派李世农到安徽，组建中共皖中工委，动员和组织皖中各县人民抗战。1938年春，中共无为县委领导的游击武装就开始在淮南铁路两侧进行游击活动。1938年年初，中共中央从延安将张如屏、曹云露等派回寿县，成立中央安徽工作委员会，开展抗日游击活动。

1938年3月上旬，白崇禧奉命去徐州协助李宗仁作战之前，曾请周恩来、叶剑英商谈作战方针。当时周恩来、叶剑英建议：津浦线南段应采取以运动战为主、游击战为辅的联合行动，使日军不敢贸然北上支援南下的日军；徐州以北应采取阵地战与运动战相结合的方针，以达到穿插分割、各个击破的目的。白崇禧对此建议非常赞赏，并在后来照此实行了。

中国共产党领导的新四军也积极配合淮河沿岸李宗仁的部队，阻击日军北犯。张云逸所率新四军一部曾遵照中央军委指示，进入蚌埠、徐州、合肥三点之间作战。周恩来曾指示新四军配合李品仙集团军，牵制由南京渡江北上的日军。新四军积极配合淮河正面战场的国民党军开展游击战争，成为全民族抗战的一个重要组成部分，在抗战史上写下了光辉的一页。

这次淮河血战，虽然没有把北犯日军全部歼灭，却使日军付出了巨大的代价，并将日军迟滞于淮河一线，粉碎了日军预定的“南北夹击”的战略，迫使日军改取“南守北攻”战略，从北面取道山东，进攻滕县、峄县，造成孤军深入的局面，从而为中国军队在台儿庄歼灭日军造成了良好的战机。李宗仁在指挥徐州以南阻击北进之敌的同时，又积极阻截华北日军南下。

按原定作战方案，徐州以北保卫战，由第5战区副司令长官兼第3集团军总司令韩复榘指挥，岂知驻扎山东的韩复榘，大敌当前，还为保存实力打小算盘。12月23日，日军一部攻陷归仁镇后，韩复榘未战而走，造成了严重后果。27日，济南失守，日军由博山、莱芜进攻泰安。1938年1月1日，泰安落入日军北方军第2军矶谷廉介之手。韩复榘连连丧池失地，致北段津浦路正面大门洞开，使日军得以沿线长驱直入，给徐州会战投下阴影。李宗仁屡屡严电韩复榘夺回泰安，并以此为根据地阻截南下之敌。韩复榘对李宗仁的命令置若罔闻，一错再错。为此，韩复榘遭到蒋介石枪毙的处置，由孙桐萱代任其职。韩复榘的不战而退，非但使我军失去了黄河天险，更将济南、泰安等地拱手让敌，其后果之恶劣，实难形容。他也因此成为在抗战中第一个被处决的高级将领。

日军骄狂无忌地南北乱窜，他们做梦也没想到，此时的中国军队，经过蒋介石杀韩复榘以振军威以后，上自战区司令长官，下至普通士兵，无不受到震动，士气大振。

为确保徐州地区的安全，李宗仁命孙桐萱部（原韩复榘的第3

集团军）向运河以东推进，袭击济宁、汶上的日军据点，以牵制敌人主力。孙桐萱部第22师于2月12日晚由大长沟渡运河，14日晚有一小部攀登入济宁城，双方短兵相接，血战数日，终因敌我双方力量悬殊，入城部队伤亡极大，17日晚撤至运河西岸。与此同时，第12军81师也直取汶上，于12日晚由开河镇渡运河，一部由城西北攻入汶上城内，与日军进行激烈巷战，终因人少势弱，损失严重，13日奉李宗仁之命撤向运河西岸。19日，日军攻陷安居镇，22日突破曹福林第55军阵地。25日，日军突破杏花村阵地，守军被迫撤至相里集、羊山集、巨野一线。但李宗仁在这一线布置大量兵力，不断侧击北段南下之敌，使敌军在这一带徘徊不能南进，暂时稳定了战局。

日军津浦线主力南攻不成，遂改变策略，由少壮派军人板垣征四郎、矶谷廉介率两个师团企图会师台儿庄。日军一旦在台儿庄得手，便可策应津浦路南端日军攻势，一举拿下徐州。板垣、矶谷两师团是日军精锐之师，此次进攻，来势相当凶猛，大有一举围歼中国军队之势。日军以七八万兵力，在华北方面第二军司令官西尾寿造指挥下，分两路向台儿庄进发。一路为板垣第5师团，沿胶济路西进，进逼临沂；一路为矶谷的第10师团，沿津浦路南下，直取台儿庄。中国军队为堵截日军前进，在临沂、滕县同日军发生了激烈的战斗，揭开了台儿庄会战的序幕。

三、大战开始

2月下旬，日军东路第5师团从山东潍县南下，连陷沂水、莒县、日照，直扑临沂。

中方战史记载，中国军队第3军团第40军等部节节抵抗。李宗仁派遣庞炳勋部，先在临沂建立防御阵地，以诱敌深入，先挡住日军第5师团的正面攻击，然后迅速调派张自忠将军的第59军，兼程驰援临沂。张自忠部此时远在淮河流域一带，但是在接到命令之后，立刻以最快的速度，向临沂方向增援。此时日军也掌握到张自忠部的动向，但是日方估计，59 军最快也要 3 天的时间，才能从峄县赶到临沂，所以日军认为可以抢先击溃在临沂弹尽援绝的庞炳勋部，然后再以逸待劳地反击张自忠部，因此日军估算张自忠部不但不能及时赶到临沂成为救援军，反而成为送上门来的“找死军”。但是张自忠却率领 59 军进行日夜的急行军，表现出吃苦耐劳与豪气干云的西北军特质，军长一声令下，竟然能够在一日一夜之内，提前赶到临沂。因此 59 军在敌方完全没有预备的情况下，就有如从天而降般地猛攻日军第 5 师团背侧。庞炳勋部将士更是无不用命，从阵地反击。日军绝对没有想到中国军队竟然会进行这种内外夹攻的拼命打法。因此，在 3 月 14 日到 18 日的临沂决战中，日军第 5 师团遭到极其惨重的损失，造成日军部队已经无法继续支撑作

战，只有先撤退回莒县困守待援。当时日军虽以一百多辆卡车满载阵亡的日军尸首匆促地奔逃，但战场上仍然遗留了不少的死尸。日

军一向非常重视同胞尸首的处理，不是危急到没有办法，通常都会设法带回焚化，将骨灰带回日本。可见此战给日军造成的打击之重。临沂之战得胜，它砍断了津浦路北段日军的左臂，促成了之后台儿庄会战时李宗仁围歼孤军深入台儿庄的矶谷师团的契机。

日方战史记载，日军攻击临沂的坂本支队6个步兵大队在临沂作战至3月29日，由于攻打台儿庄的濑谷支队告急，只留两个大队牵制庞炳勋和张自忠部，其余4个大队和炮兵转至台儿庄作战。

板垣败绩累累之际，日军西路第10师团长矶谷仍然武士道精神十足，不顾一切，日益向南推进。李宗仁调来川军邓锡侯第22集团军，孙震的第41军赶往滕县，拒敌南下。

孙震部刚在滕县部署就绪，3月14日，矶谷师团就发动攻击。日军以数十架飞机30余门大炮狂轰滥炸，守军师长王铭章督战死守。

3月17日晚，日军配合炮火攻陷滕县（今滕州）。中国守军第22集团军第41军英勇抗击，伤亡甚重，苦战至17日，该军守城的第122师阵亡军官6人、士兵105人，伤军官10人、士兵156人，失踪军官6人、士兵470人，师长王铭璋殉国；124师370旅阵亡军官17人、士兵640人，伤军官16人、士兵331人，失踪士兵37人；124师372旅阵亡军官4人、士兵173人，伤军官10人、士兵281人，失踪士兵32人。李宗仁见滕县危险，又急令新拨归第5战区指挥的第20军团司令汤恩伯派部驰援。汤的主力85军王仲廉部因行程过远，未能及时赶到，滕县失守。敌军损失也极大，死伤达2000多人。此战，22集团军以劣势之装备与兵力，阻击绝对优势之敌达3天半，为第5战区之后的台儿庄会战争取了时间，奠定了胜利的基础。

3月18日，日军矶谷师团濑谷支队攻陷滕县后，当晚攻占临城

（今薛城），以一部沿津浦线南下，于20日攻占韩庄，企图直犯徐州，遭到布防于运河沿线的我第52军郑洞国第2师的阻击；另一部福荣大佐的第63联队沿临赵（墩）铁路于18日攻占枣庄，20日攻占峄县城，矛头直指台儿庄。

3月20日，日军矶谷师团借攻克滕县之威，在飞机的掩护下，集中4万人，配以坦克、大炮，向台儿庄发动了猛烈的进攻，企图一举攻占徐州。

李宗仁以第2集团军总司令孙连仲率部固守台儿庄，第20军团军团长汤恩伯率部让开津浦铁路正面，转入兰陵及其西北云谷山区，诱敌深入，待机破敌。

国民政府军事委员会关于台儿庄战役的意图和部署是：以擅长固守的原西北军孙连仲部防守台儿庄运河一线，一方面防堵日军进窥徐州，一方面将骄狂冒进的矶谷师团吸引到峄县南部地区，而后以隐藏于峄县东北山区的汤恩伯第20军团拊敌侧背，加以聚歼。日军的作战意图是：确保韩庄、台儿庄一线，并警备临城、峄县，同时用尽可能多的兵力向沂州方面突击，协助第5师团战斗。

四、血肉争夺

3月23日，日军由枣庄南下，在台儿庄北侧的康庄、泥沟地区与守军警戒部队接战。为诱敌深入，第31师刘兰斋连长率骑兵连从台儿庄出发，向峄县方向搜索前进，91旅旅长乜子彬率183团跟进，在峄县城南20里康庄与日军遭遇。台儿庄地区战斗正式打响，我军马队为诱敌深入边打边撤。3月24日，日军逼近台儿庄，开始向台儿庄地区大举进攻。

日军在台儿庄北五里刘家湖村设有炮兵阵地，排列10门大炮，向台儿庄猛轰。91旅183团3营营长高鸿立率领士兵，每人一把大刀，8颗手榴弹，杀入敌人炮兵阵地，砍得敌人无法招架，弃炮而逃。当时台儿庄战场上流传着“活张飞大闹刘家湖”的佳话。

3月24日，日军2000多人在飞机、大炮和坦克的配合下，开始向台儿庄大举进攻。坚守台儿庄北门的186团1营在王震团长和姜常泰营长的指挥下顽强抵抗，在城北门外与日军展开白刃战，打退日军的多次进攻。1营都是新兵，入伍才半年，几乎全牺牲在台儿庄北门。王震团长也亲自架起机枪向城外日军扫射。当晚，日军200人突破小北门，躲进小北门附近的泰山庙。王震团长率将士围攻泰山庙之敌，终将其消灭。以这天起，日军反复向台儿庄猛攻。守军第2集团军顽强抗击，与日军展开激烈的争夺战。日军猛攻3天3夜，才冲进城内。

3月27日，得到增援后的日军对台儿庄城发动第3次攻击。日军炮轰台儿庄围墙，北城墙被炸塌，小北门亦被毁，守卫小北门的181团3营官兵牺牲殆尽，300多日军突入城内，城内中国守军同日寇展开了激烈的巷战。尽管日军占据了全城的三分之二，但坚守在南关一带的中国守军至死不退，死守阵地，目的是为了外线部队完成对日军的反包围。这是李宗仁早已制订好的作战计划，就是以部分兵力死守台儿庄，守军尽量拖住敌人，以便庄外的大军将日寇团团围住，来个瓮中捉鳖。

28日，日军攻入台儿庄西北角，谋取西门，切断中国守军第31师师部与城内的联系。该师师长池峰城指挥，以强大炮火压制敌人，并组织数十名敢死队员，与敌肉搏格斗。汤恩伯军团关麟征第52军和王仲廉第85军在外线向枣庄、峄县日军侧背攻击。

29日，日军濑谷支队再以兵力支援，并占领了台儿庄东半部。

31日，国军守军将进入台儿庄地区的濑谷支队完全包围。是时，坂本支队由临沂转向台儿庄驰援，到达向城、爱曲地区，侧击第20军团。第52军和刚到的第75军围攻坂本支队，激战数日，予日军以重创，使其救援濑谷支队的计划落空。

矶谷师团见救援无望，决定以死相拼，一个个杀红了眼。国民党军队虽以5倍的兵力围攻，并付出极大的伤亡代价，但竟难以将敌人消灭，战争一时呈胶着状态。

五、台儿庄反击战

4月3日，李宗仁下达总攻击令。第52、第85、第75军在台儿庄附近向敌展开猛烈攻势。日军拼力争夺，占领大部分街市。国军展开街垒战，逐次反击，肃清敌人，夺回被日军占领的街市。

4日，中国空军以27架飞机对台儿庄东北、西北日军阵地进行轰炸。当晚，日军濑谷支队力战不支，炸掉不易搬动的物资，向峄县溃逃。

4月6日，李宗仁赶到台儿庄附近，亲自指挥部队进行全线反击。4月7日凌晨1时，我军吹响了反攻的号角，以孙连仲第2集团军为主组成的左翼兵团和以汤恩伯第20军团为主组成的右翼兵团在台儿庄及其附近地区大举反攻。一直防守遭攻的孙连仲部，听说反击，神情振奋，命令一下，杀声震天。双方展开了巷战、肉搏战，一时间，台儿庄城内枪林弹雨，血流成河。日军头一次遭到了国民党军队的如此顽强进攻，很快便溃不成军。台儿庄北面，枪炮声渐密，汤恩伯军团已向敌人开火。矶谷知已陷入反包围圈，开始动摇，下令部队全线撤退。此时敌军已成强弩之末，弹药、汽油也已用完，机动车多被击毁，全军丧魂落魄，狼狈逃窜。李宗仁命令部队猛追，敌兵遗尸遍野，各种辎重到处皆是，矶谷本人率残部拼命突围。

激战4天，国军重创日军濑谷支队、坂本支队，其余日军残部于7日向峄城、枣庄撤退。至此台儿庄战役胜利了。

台儿庄战役，历经月余，我军毙伤日军11984人，俘虏719人，

缴获大炮31门，装甲车11辆，大小战车8辆，轻重机枪一千余挺，步枪一万余支。

台儿庄战役是抗战以来国民党正面战场取得的重大胜利，严重挫败了日军猖狂气焰，遏制了日军侵华的凶猛势头，粉碎了日军“三个月灭亡中国”的计划，振奋了国人高昂的抗日精神，坚定了国人抗战必胜的信念。

六、永载史册

台儿庄战役的结局，是日军一次战役进攻中的败退。这在日军发动侵华战争以来尚属首次。在日军来说，这不仅是在兵力数量上的损失，更重要的是精神上的挫折。“大日本皇军不可战胜”的神话破灭了。日军《步兵第10联队战斗详报》载：“不识他人，徒自安于自我陶醉，为国军计，更应以此为慎戒。”

台儿庄战役的胜利，在政治上增强了全国军民抗战必胜的信心，鼓舞了抗日军队的士气，用胜利的事实证明了“亡国论”是没有根据的。而李宗仁更是以偏师弱旅战胜骄狂不可一世之强敌，更说明了只要众志成城，精诚团结，中国人民是不可战胜的。

台儿庄战役的胜利，改变了国际上对中日战争前途的看法。抗战爆发以来，国际上对中国抗战的前途大多抱悲观的看法。台儿庄战役胜利的消息传出，有的国家甚至不敢相信。1938 年 4 月 9 日路透社电讯说：“英军事当局对于中国津浦线之战局极为注意，最初中国军队获胜之消息传来，各方面尚不十分相信，但现在证明日军溃败之讯确为事实。”显然，这次胜利提高了中国在国际上的地位，并为争取外援增强了有利条件。

此战对于鼓舞军民抗战士气起到了重要作用。而此战也让台儿庄这个运河之滨的千年古城夷为平地，但它堪与苏联斯大林格勒(今伏尔加格勒)、波兰华沙并提成为二战名城，成为中华扬威不屈之地。

10 持久抵抗
——百团大战

◇

从7月22日发布预备命令到最后下达行动命令，八路军总部部署的都是20来个团参加正太战役。直到8月22日八路军总部作战科首次对战情进行综合整理时，彭德怀、左权才意外地发现共有105个团参加了这次战役。于是，中国人民抗日战争历史上出现了一个光辉的名词——“百团大战”。

为什么正太战役会扩大成为“百团大战”？首先，是因为根据地军民的抗日热情。根据“战役和战斗的分散指挥原则”，不但八路军总部只部署了20来个团参战，各集团同样也只具体部署了部分部队参战。因此，“百团大战”实际上不是由任何人和任何一级机构发动的，而是华北八路军全体将士积极主动参战的结果。

“百团大战”还有人数与八路军正规部队相当或更多的游击队

和民兵参加，并有至少20万民众参加，这更是根据地军民积极参战的结果。山西阳泉的老民兵王德顺说："我们实在是受够了汉奸和小日本的气了！听说正规部队要打日本人，能拿起武器的人全跟着部队跑。"这样的"百团大战"，实际上较之八路军总部或其他统帅部正式部署的百团大战更为宝贵，更为伟大，体现了最值得中华民族弘扬的民族精神。

一、战役背景

在1940年下半年，彭德怀指挥八路军一二九师和晋察军区等共105个团20余万兵力，对华北地区的日伪军发动了一次进攻战役。这次战役共进行大小战斗1800余次，攻克据点2900余个，歼灭日伪军4.5万余人，给日伪军以沉重打击，鼓舞了中国军民抗战的斗志，增强了必胜的信心。

自1939年冬天以来，日军以铁路、公路为支撑，对抗日根据地进行频繁扫荡，并企图割断太行、晋察冀等战略区的联系，推行所谓"以铁路为柱，公路为链，碉堡为锁"的"囚笼政策"。八路军总部决定发动交通破击战，重点破袭正太铁路和同蒲路北段，给日本华北方面军以有力打击。在华北的交通线中，正太铁路占着十分重要的地位，它横越太行山，是连接平汉、同蒲两条铁路的纽带，是日军在华北的重要战略运输线之一。八路军的进攻战役首先在正太铁路发起，因此开始时称为正太路战役。

7月22日，八路军总司令朱德、副总司令彭德怀、副参谋长左权下达《战役预备命令》，规定以不少于22个团的兵力，大举破击正太铁路。同时要求对同蒲、平汉、津浦、北宁、德石等铁路以及华北一些主要公路线也部署适当兵力展开广泛的破击，以配合正太铁路的破击战。

8月8日，朱德、彭德怀、左权下达《战役行动命令》，规定：

晋察冀军区破击正太铁路石家庄至阳泉（不含）段；第129师破击正太铁路阳泉（含）至榆次段；第120师破击忻县以北的同蒲铁路和汾（阳）离（石）公路，并以重兵置于阳曲南北地区，阻击日军向正太铁路增援。要求各部在破击交通线的同时，相机收复日军占领的一些据点。在这些地区和交通线上，驻有日军3个师团全部、两个师团的各两个联队、5个独立混成旅团全部、4个独立混成旅团的各两个大队、一个骑兵旅团的两个大队，共20余万人，另有飞机150架和伪军约15万人。

按八路军总部原来规定，参战兵力不少于22个团。但战役发起后，由于八路军广大指战员和抗日根据地民众痛恨日军的“囚笼政策”，参加破击战的积极性非常高，因此各部投入了大量兵力，计晋察冀军区39个团、第129师（含决死队第1、第3纵队等）46个团、第120师（含决死队第2、第4纵队等）20个团，共105个团20余万人，还有许多地方游击队和民兵参加作战（全部加起来可能200个团都不止）。

当彭德怀、左权在八路军总部作战室听取战役情况汇报、得知实际参战兵力达到105个团时，左权兴奋地说：“好！这是百团大战。”彭德怀说：“不管一百多少个团，干脆就把这次战役叫做‘百团大战’好了！”由此，正太战役就发展成为“百团大战”。

二、详细战况

1940年夏，日本利用德国在欧洲推进，英、美无暇东顾的机会，加紧对国民党施行军事压力和政治诱降，于5月间发动枣（阳）宜（昌）战役，连续轰炸重庆，声称要进攻西安、重庆、昆明，迫使英、法封锁滇越路和滇缅路；还通过各种渠道和国民党蒋介石集团的代表进行接触，商谈“和平”条件。同时，加强对华北敌后抗日根据地的“肃正”讨伐，推行“囚笼政策”，使敌后抗日根据地受到严重威胁。这时国民党政府更加动摇。

1940年3月和6月，蒋介石的代表先后去香港、澳门与日本代表会谈；由于日本要求条件苛刻，未达成协议。为了打破日伪军对敌后抗日根据地的封锁和“扫荡”，争取华北乃至中国全面战局的好转，克服国民党的投降危险，八路军前方指挥部在华北敌后（除山东外）发动了大规模的破击作战。

八路军的进攻战役于1940年8月20日首先在正太铁路发起。日军在正太铁路沿线驻有独立混成第4旅（司令部驻阳泉）全部，独立混成第8、第9旅（司令部分别驻石家庄和太原）各一部。8月20日夜，晋察冀军区在司令员兼政治委员聂荣臻指挥下，以18个步兵团、一个骑兵团又两个骑兵营、5个游击支队，在部分炮兵和工兵配合下，组成左、中、右3个纵队，分别向正太铁路东段日军独立混成第8旅大部和独立混成第4旅一部展开攻击。经数小时激战，右纵队攻入晋冀交界的要隘娘子关，歼日军一部。尔后，破坏了娘子关以东的桥梁和通信线路。向娘子关至微水段进攻的中央纵队，连克蔡庄、地都、北峪、南峪等日军据点，并破坏桥梁两座。攻击井陉煤矿的中央纵队一部，在矿工支援下，破坏了煤矿的主要设施，迫使其停产达半年之久。1940年8月23日，因石家庄方向的日军西援，加上连日降雨，河水泛滥，严重妨碍作战行动，晋察冀军区部队遂转移兵力，实施对铁路、桥梁、隧道的全面破击。

第129师在师长刘伯承、政治委员邓小平指挥下，以8个团（包括决死队第1纵队两个团）、8个独立营的兵力，组成左翼破击队、右翼破击队和中央纵队，亦于1940年8月20日夜对正太铁路西段日军独立混成第4旅大部和独立混成第9旅一部展开攻击；另以两个团会同平定、辽县、榆社等地方武装，分别对平辽、榆辽公路进行破击，并牵制各点守敌，保障主力侧后的安全。左翼队一部进攻芦家庄，连克碉堡4座，歼日军80余人；右翼队一部攻击桑掌和铁炉沟等据点，歼日军130余人。21日，该师为阻止日军从侧背攻击破路部队，令预备队一部抢占阳泉西南4千米处的狮垴山高地。从23日起，阳泉日军在飞机支援下，并使用化学武器，不断向狮垴山猛攻。第129师阻击部队英勇奋战，坚守6昼夜，歼日军400余人，保障了破击部队侧翼的安全。经数日作战，第129师控制了正太铁路西段除阳泉、寿阳以外的大部分据点及火车站，严重破坏了该段的路轨、桥梁、隧道，使正太铁路西段陷于瘫痪。

为扩大战果，1940 年 9 月 16 日，八路军总部发出第二阶段作战命令，要求各部队继续破坏日军交通线，摧毁深入抗日根据地内的日伪军据点。部署是：第 120 师主力对同蒲铁路北段宁武至轩岗段进行彻底破坏，再次切断同蒲铁路北段的交通；晋察冀军区主力破击涞（源）灵（丘）公路，并夺取涞源、灵丘两县城；第 129 师重点破击榆（社）辽（县）公路，收复榆社、辽县（今左权）两县城。

三、成果辉煌

日军遭到八路军连续两个阶段大规模进攻作战的打击后，深感八路军对其威胁的严重性。为稳定局势，巩固占领区，便调集重兵对华北各抗日根据地进行大规模残酷的报复“扫荡”。1940 年 10 月 19 日，八路军总部下达反“扫荡”作战命令，要求各部队与地方党政机关和广大群众密切配合，广泛开展游击战，坚决消灭进犯之敌，粉碎日军的“扫荡”。

1940 年 10 月 6 日，沁县、襄垣日军在榆社、辽县日军的配合下，以近万人的兵力，对中共中央北方局、八路军总部等领导机关所在的太行抗日根据地榆社、辽县、武乡、黎城间地区进行连续“扫荡”。1940 年 10 月 29 日至 11 月 4 日，第 129 师第 385、第 386 旅和新编第 10 旅主力及决死队第 1 纵队两个团，在彭德怀直接指挥下，于武乡县关家垴地区，将日军第 36 师一个营包围，歼其 400 余人，并给武乡、辽县增援之敌以重大杀伤。日军连遭打击，余部于 14 日撤退。从 11 月 17 日起，日军约 7000 人“扫荡”太岳区。第 129 师所属太岳军区将主力编成沁（源）东、沁（源）西两个支队，在游击队和民兵的配合下，活动于沁河两岸，寻机打击日军，至 27 日，歼灭日军近 300 人，迫使其于 12 月 5 日撤退。

从 1940 年 10 月 13 日起，日伪军以万余人“扫荡”平西（今北京以西）抗日根据地。1940 年 11 月 9 日，日军又以万余人“扫荡”北岳抗日根据地，并占领了晋察冀军区领导机关所在地阜平。平西和北岳两区军民，内外线相配合，广泛开展游击战，连续伏击、袭击日军后方交通线，迫使日军大部撤退。阜平、王快的日军则筑堡修路，企图长期占领。12 月 3 日至 27 日，晋察冀军区以 4 个团向阜平、王快的日军发动进攻，歼其 500 余人，迫使日军全部撤出北岳抗日根据地。

1940 年 12 月中旬，日军以两万人的兵力对晋西北抗日根据地进行“扫荡”，至 1940 年 12 月 23 日，占领了除保德、河曲以外的所有县城和大部集镇。第 120 师部队和晋西北地区群众实行空室清野，坚持“区不离区，县不离县”的游击战。同时，集中部分主力部队，破击日军后方交通线，攻击日军修路部队和运输队，共歼日伪军 2500 余人，迫使日军于 1941 年 1 月下旬全部撤出晋西北抗日根据地。

历时 3 个半月的百团大战，八路军在地方武装和广大人民群众的紧密配合下，一共进行了 1800 多次战斗，拔除敌人据点约 3000 个，击毙击伤日伪军 2.58 万人，俘虏敌人 1.8 万多人，并且缴获了大量军用物资。破坏铁路 470 余千米、公路 1500 余千米，缴获各种炮 50 余门、各种枪 5800 余支（挺）。八路军伤亡 1.7 万余人。日军在遭受打击后惊呼“对华北应有再认识”，并从华中正面战场抽调两个师加强华北方面军，对华北各抗日根据地进行更大规模的报复作战。

“百团大战”是抗日战争中八路军在华北地区发动的一次规模最大、持续时间最长的战略性的进攻战役。在这次战役中，中国共产党领导的华北敌后抗日军民，齐心协力，前仆后继，同日本侵略者浴血奋战，充分表现了中华民族不屈不挠的战斗精神。“百团大战”严重地破坏了日军在华北的主要交通线，收复了被日军占领的部分地区，粉碎了日军的“囚笼政策”，给了侵华日军以强有力的打击，推迟了日军的南进步伐。“百团大战”对坚持抗战、遏制当时国民党妥协投降暗流、争取时局好转起了积极作用，进一步鼓舞和增强了全国人民夺取抗战胜利的信心，用事实驳斥了国民党顽固派对共产党、八路军“游而不击”的诬蔑，提高了中国共产党和八路军的声威。“百团大战”在中国抗日战争史上写下了光辉的一页。

11 平地惊雷
——偷袭珍珠港

◇

1939年，日本拟定了两个作战取向，分别为“南下”“北上”两个作战计划。日本起初看重苏联丰富的战争资源，拟定入侵苏联，占领西伯利亚。

1939年5月至9月，日本按计划，向位于中蒙边境海拉尔以南200千米的诺门罕地区的苏蒙联军发动了大规模试探性战略进攻。双方动用了数十万精锐部队和先进军事装备，在杂草丛生、沙丘连绵起伏的荒原上进行了一场长达4个多月激烈的交锋。日本由于军事思想和战术技术落后，遭到了自日俄战争以来首次最惨重的失败。

“北上”吃了败仗后，进攻苏联占领西伯利亚的梦想化为泡影，就掉头策划“南下”，夺取更大的战争资源（石油）等，以便日后吞并世界储备后继资源。

南洋，当时有英国、荷兰、美国的殖民地，这就给日本南下的计划增加了困难。由于石油短缺，日本决定不惜冒险一掷，炸掉美国珍珠港。

一、蠢蠢欲动

1940年希特勒策划了对英国的“海狮行动”，要求日军和德国同时对英作战，日军驱除了所有在华的英国侨民，夺取了英国在华利益。日军的做法直接影响了英、美两国的利益。为了给日军一点儿警戒，美国冻结了对日的贸易，其中有战争必用的高辛烷石油。没有石油，日军的战斗装备就无法行驶，舰艇抛锚，等于无法继续侵略，为了确保正常侵略，掠夺石油，日军决定铤而走险。

太平洋上的珍珠港是交通的主要枢纽。夏威夷东距美国西海岸，西距日本，西南到诸岛群，北到阿拉斯加和白令海峡，都在2000海里到3000海里之间；跨越太平洋南来北往的飞机，都以夏威夷为中续站。日本认为，先在太平洋上夺取制空制海权就意味着南下的道路畅通无阻，所以必须先摧毁珍珠港，于是日本策划了珍珠港突袭。

珍珠港位于日、美之间太平洋东部的夏威夷群岛，距日本约3500多海里，距美国本土约2000海里，是美国太平洋舰队最重要的基地。1941年1月7日，山本写信给海军大臣及川古志郎，正式提出了偷袭珍珠港的设想。此后就和几个参谋一起，秘密地制订“Z”作战方案。6月，正式方案提出后，曾在日本上层引起争论，一些人不相信庞大的舰队横渡3500海里而不被发现，对这一计划的可行性表示怀疑。山本固执己见，甚至以辞职相要挟。日本为了“南进”，于10月中旬批准了这个计划。于是，山本指挥联合舰队选择了与珍珠港相似的鹿儿岛湾，开始了充分的准备和严格的模拟训练。

二、致命偷袭

1941年11月26日，日本海军一支由6艘航空母舰为主力的舰队在海军中将南云忠一的指挥下离开日本开往珍珠港。途中舰队保持彻底的无线电静默。除这6艘航空母舰外日本舰队还包括两艘战列舰、3艘巡洋舰、9艘驱逐舰和3艘潜艇。此外还有8艘油轮和两艘驱逐舰只开到北太平洋等候。

12月7日早晨，该舰队的飞机轰炸了欧胡岛上所有的美军机场和许多在珍珠港内停泊的舰艇，包括那里的战列舰。地面上几乎所有飞机都被摧毁，只有少数飞机得以起飞和还击。12艘战列舰和其他舰船被击沉或损坏。188架飞机被摧毁，155架飞机被破坏，2403名美国人丧生。仅亚利桑那号战列舰爆炸沉没时就有上千人死亡。

这次战斗的第一炮和第一个牺牲者是美国一条驱逐舰对日本的一艘微型潜艇的攻击。那艘微型潜艇被击沉。日本一共出动了5艘微型潜艇，它们打算在空袭开始后对美国船只施放鱼雷，5 艘船后来都被击沉，其中只有4 艘后来被找到。这5 艘船上的10 名水手中只有一人幸存，他就是美国在二战中的第一个俘虏——酒卷和男。

日本参加这次袭击的航空母舰是赤城号（旗舰）、加贺号、苍龙号、飞龙号、翔鹤号和瑞鹤号。这6 艘航空母舰共计搭载舰载机414 架，其中包括战斗机、鱼雷轰炸机、俯冲轰炸机和水平轰炸机，这些飞机将分两波攻击。

根据当事人报道和后来美国和日本军方发表的军事文件，袭击珍珠港的过程如下：

3:42：一美国扫雷艇在檀香山港前发现一个潜望镜。

6:00：距珍珠港 370 海里的航空母舰企业号从 370 海里外派出 18 架侦察机飞往珍珠港。

6:10：南云中将得到攻击的命令后下令第一波起飞。日本舰队此时位于欧胡岛北 220 海里。

6:20：第一波的 183 架轰炸机和战斗机起飞飞向珍珠港。

6:30：一艘美国供给船在珍珠港外发现一艘潜艇。这个发现被传递给一艘美国沃德号驱逐舰，一架侦察机被遣往当地。

6:45：沃德号驱逐舰向潜艇发动攻击，潜艇被击沉。

6:53：沃德号驱逐舰报告攻击潜艇。

7:02：位于欧胡岛北部的一个雷达站在岛北 132 海里处发现不明飞机。

7:10：雷达站向空防司令部报告发现不明飞机的消息。

7:15：攻击潜艇的报告到达美军司令部。与此同时 167 架第二波日本飞机起飞。

7:20：美军空防司令部认为不明飞机是从大陆来的 B－17 轰炸机，下令雷达站关闭。

7:40：第一波到达欧胡岛北岸。

7:49：第一波指挥官下达攻击令。

7:53：第一波指挥官向南云发送“虎！虎！虎!”的消息报告偷袭可以成功。

7:55—8:25：由鱼雷轰炸机和俯冲轰炸机进行第一波攻击。

7:58：美国海军向所有船只发出警告:“珍珠港受空袭，这不是演习!”

8:00：从美国大陆来的B-17轰炸机和从企业号起飞的侦察机同时到达珍珠港，但他们毫无准备，因此无法插手。

8:02：内华达号战列舰开始对从右舷攻击的飞机开火。两架飞机被击落。内华达号尾部受一条鱼雷攻击。内华达号是唯一试图逃出珍珠港的战列舰，但它多次中弹后不得不在沙滩上搁浅以防止船沉没。

8:08：KGMB电台中止其节目号召所有军人回到他们的岗位上去。

8:10：亚利桑那号战列舰前部弹药库中弹爆炸，在9分钟内沉没，80%船员阵亡。

8:12：夏威夷最高指挥官沃尔特·肖特向整个太平洋舰队和华盛顿报告：“与日本的战斗由一次向珍珠港的袭击开始。”

8:17：美国驱逐舰海尔姆号是第一艘开始对珍珠港内潜艇攻击的美国船只。

8:26：檀香山的救火队报告3人死亡和6人受伤（可能是被防空炮的子弹击中）。

8:39：一架水上飞机在港内发现一艘潜艇并对它开火。

8:40—9:15：轰炸机的攻击。

8:40：一艘美国驱逐舰与一艘日本潜艇相撞并开始投深水炸

弹。潜艇受伤后上浮。一个地方电台报道日本空袭。

8:50：日军第二波攻击指挥官下攻击令。

8:54：日军第二波攻击开始，54 架轰炸机和 78 架俯冲轰炸机进行攻击，36 架战斗机夺取制空权。

9:30：港外和岛北的船只受到攻击。

从 9:45 开始：进攻减弱。

10:00：第一波飞机回到停在岛北 180 海里的舰队。

11:15：夏威夷总督在电台中宣布整个夏威夷领地进入戒严状态。

12:40：夏威夷总督和美国总统同意在夏威夷引入战时法并建立军政府统治。

13:00：日军飞行队队长与南云中将讨论进行第三波攻击的可能性。

13:30：南云下令返航。

16:25：夏威夷总督签署战时法。

三、短期得利

就其战略目的而言，对珍珠港的袭击从短期和中期的角度来看是一次辉煌的胜利，它的结果远远超过了它的计划者最远的设想，在整个战争史上，这样的成果也是很罕见的。在此后的六个月中，美国海军在太平洋战场上无足轻重。没有美国太平洋舰队的威胁，日本对其他列强在东南亚的力量可以彻底忽略，此后它占领了整个东南亚、太平洋西南部，它的势力一直扩张到印度洋。

就其战术目标而言，对珍珠港的袭击还有许多失误。第一，日军错误地将航母定为攻击目标。袭击珍珠港的作战计划最先由日军飞行员源田实制订，由于他坚持攻击的重点是美军航母，于是在制订方案时，将90架轰炸机担当首次攻击主力。411架鱼雷攻击机兵分两路分别攻击航母和战列舰的锚地。首次攻击的关键是达成突然性，在这之后，美军防空火力必将开始反应。第二波攻击将于一小时后发起，任务是伺机炸沉航母。但是，源田实万万没有想到的是，美国航母根本不在港内。

第二，临时调整作战方案导致作战混乱。攻击舰队出发前夜，源田实发现他们忽略了一件重要的事：所有计划都指着对手坐以待毙。如果美国人有防备，怎么办？舰队离港后，源田实悄悄召集了一个背着长官的秘密会议。大家商议的结果是：由源田实到现场机动处理。这一最后时刻的重大调整引起不小的混乱——所有军官、高层参谋都不在场，现场拍板的只是3个中级校佐。这导致突袭从开始就乱了套。

第三，毫无目标一通乱炸。按照预定计划，战列舰的鱼雷攻击机分两队进攻。两队进攻间隔500米。可实际上，港内早乱成一团；攻击机队的动作严重变形，两队实际间隔1600米。后队看不见前队，僚机找不到编队长机。日军在一番轰炸之后，真正炸沉的只有 3 艘战列舰，如此一来，日军总体命中率是 31%。

第四，日本人将袭击时间定在了周日的早上。每周这一天，美军十有八九的人都不在船舱里，而是在夏威夷的各处度周日，否则的话，美军损失将会非常惨重。

第五，日本人只炸了船舰而没炸船坞。如果船坞被炸毁的话，美军仅存的船舰将无处停泊，大量毁伤的船舰也无处修复。

第六，日本没有炸掉珍珠港 8 千米以外山上的油料。在当时的情况下，哪怕一架日军战机飞到那里，就可以将它们炸得一滴不剩。倘若如此，美军所有的船舰和飞机都将变成动弹不得的一堆废铁。

四、长期影响

从长期的角度来看，珍珠港突袭对日本来说是一个彻底的灾难。事实上，计划偷袭珍珠港的山本上将本人预言即使对美国海军的袭击成功，它不会，也不能赢得一场对美国的战争，因为美国的生产力实在太高了。日本的主目标之一是美国的3艘航空母舰，但当时没有一艘在港内："企业"号正在返回珍珠港的路上，"列克星顿"号数日前刚刚开出，"萨拉托加"号正在圣地亚哥维修。世界各地的海军和其他观察家都认为，将美国大多数战列舰创伤击沉是这个战役的最大的成果。没有了这些战列舰，美国海军只有依靠它的航空母舰和潜艇，实际上当时美国海军只有这些舰船了，而这些舰船也是抵抗和后来反击日本的主要力量。后来证明将战列舰摧毁的作用远比预想的要小得多。

最重要的是，珍珠港事件立刻将一个本来意见不齐的国家动员起来了。有些历史学家认为，不论当时日本只是击中了修理篷还是击中了航空母舰，对珍珠港的袭击本身就已经决定了日本战败的命运。所以这场战役是有历史决定性意义的。它彻底地将美国和它雄厚的工业和服务经济卷入了第二次世界大战，导致了轴心国在全世界的覆灭。此后盟军的胜利和美国在国际政治上的支配性地位都是由此及彼的。

从军事史的角度来看，对珍珠港的袭击标志着航空母舰和潜艇，以及舰载机取代战列舰成为海军主力的转折点。大型战列舰决战的时代过去了，航空母舰取代战列舰成为新的海战王牌，海军航空兵作为新的决定性力量登上海战舞台。但世界海军最强大的美国对于"航空制胜"这一点一直到后来珊瑚岛海战和中途岛战役后才明白过来。

12 冬天的神话
——莫斯科保卫战

◇

1941 年 11 月初，正值莫斯科会战的关键时期。180 多万德军，1700 多辆坦克，1390 多架飞机，14000 多门大炮，业已兵临莫斯科城下。德军先锋机械化部队最近距莫斯科仅有 25 千米了。为了鼓舞苏联士兵的士气，斯大林等苏联高层毅然决定：传统的十月革命节阅兵照常举行。

1941 年 11 月 7 日清晨，一场纷纷扬扬的大雪把莫斯科所有的街道染得雪白。首都军民在飘着雪花的初冬雾霭中，在红场举行了盛大的独具风格的十月革命 24 周年阅兵式。当时纳粹德国军队已经到达莫斯科附近，但斯大林决定如常举行阅兵并在阅兵式上发表了著名的演说，受阅部队接受完检阅后随即开赴前线作战。在阅兵方阵前往红场的路上，不少的士兵满脸灰尘、衣着邋遢，甚至都不知道自己要去哪儿。阅兵现场也是比较混乱，由于各种原因分列式的徒步方阵也极不整齐。因此，有些苏联史学家戏称，这是苏联红场阅兵史上一场最“不堪入目”的阅兵。不过，在众多史学家眼里，这却是苏联军民创造的“一个冬天里的奇迹”。曾有位苏联史学家讲道：“很显然，德军已兵临莫斯科城下，可莫斯科依然镇定自若，甚至举行了一年一度的十月革命节阅兵，这无疑是莫斯科充满勇敢与智慧的表现。”

一、兵临城下

1941 年 6 月 22 日，纳粹德国与其盟友入侵苏联，使苏联及苏联红军领导层大吃一惊。德军以闪电战战术快速深入苏联领土。装甲部队以钳形方式推进，先孤立然后彻底摧毁苏军。德军北方集团军群向列宁格勒推进，南方集团军群征服了乌克兰和高加索高地，而中央集团军群则向莫斯科进发。苏军的防线很快便崩溃，死伤枕藉。其后，古德里安的装甲部队到达莫斯科外围。

由于德军的“巴巴洛莎”作战计划中预定目标未实现，德军统帅部在 1941 年 9 月 29 日又制订了“台风行动”作战计划，要在 10 天内拿下莫斯科。9 月底，德军集结了部队，做好了“台风”攻势准备。

1941 年 10 月 2 日，费多尔·冯·博克指挥的中央集团军群终于向莫斯科发动攻击。德军认为莫斯科在政治和军事战略上具有重大意义。德军计划以各坦克集团实施突击，割裂苏军防御，并在维亚济马、布良斯克两地域合围歼灭西方面军、预备队方面军和布良斯克方面军，尔后以强大快速集群从北面和南面包围莫斯科，在步兵兵团实施正面进攻的同时，攻占苏联首都。

为达此目的，德军基本力量集中于斯摩棱斯克以东中央集团军群（司令为博克元帅）地带。中央集团军群辖第 9（司令为施特劳斯上将)、第4（司令为克鲁格元帅)、第2集团军（司令为魏克斯上将)，坦克第3（司令为霍特上将)、第4（司令为霍普纳上将)、第2集群（司令为古德里安上将)（1941年10月起坦克第2集群改称坦克第2集团军，1942年1月起坦克第3、第4集群分别改称坦克第3、第4集团军)，共74个半师，内有14个坦克师和8个摩托化师，约占苏德战场步兵师总数的38%，坦克师和摩托化师的64%。

陆军由第2航空队进行支援。中央集团军群总计约有180万人，坦克1700辆，火炮和迫击炮1.4万余门，飞机1390架。德军不仅在数量上，而且在武器质量上也占优势，因为当时苏军坦克和飞机有一半以上是旧式的。德军在坦克、航空兵、摩托化步兵方面的优势尤为明显。

二、捍卫家园

根据“台风”计划，德军第2装甲集群9月30日在布良斯克方向，第3、第4装甲集群10月2日在维亚济马方向，相继开始了进攻。尽管苏军进行了顽强抵抗，德军仍然突破了防御。德军第2集团军突破了苏军第50集团军的防线，于1941年9月下旬夺取布良斯克。10月3日奥廖尔陷落。德军沿着奥廖尔—图拉公路推进。莫斯科以西的维亚济马方向，西方面军和预备队方面军进行了艰苦的防御战斗。德军10月7日则进抵维亚济马地域，两方面军大部分军队在此陷入合围，一直顽强抵抗到10月13日。13日，苏军维亚济马集团大部分被歼，被围军队一部分后来突出重围，有的留在敌后开展游击斗争。布良斯克方面军陷于战役合围的困境后也向后退却，23日，苏军布良斯克集团大部分被歼。德军在维亚济马—布良斯克战役中俘虏苏军67万人。

莫扎伊斯克防御线成了莫斯科接近地上的主要抵抗地区。4个集团军总共只有9万人左右。这些兵力不足以在整个地带建立坚固防御。为了改进军队指挥，西方面军和预备队方面军于10月10日合编为西方面军，朱可夫大将任司令。10月中旬至11月初，在莫扎伊斯克防御地区展开的多次激烈战斗中，苏军对德军优势兵力进行了顽强抵抗，将其阻止于拉马河、鲁扎河、纳拉河等地区。

10月14日，德军突入了加里宁地域。10月17日，以西方面军右翼（第22、第29、第30、第31集团军）为基础组成了加里宁方面军（司令为科涅夫上将）。德军想从加里宁向东南发展进攻并前出西北方面军和西方面军后方的企图被粉碎。

德军虽然在维亚济马—布良斯克战役中消灭了大量的苏军有生力量，但随着天气的变冷秋雨把道路变成泥沼，几乎瘫痪了德军的进攻。德军于是被迫全线停止前进，以待大地封冻。德军暂时的停止进攻使苏军赢得了宝贵的喘息时间。到10月底，苏军最高统帅部开始抽回一些部队作为预备队，使其得到必要的休息，新的预备队也在源源不断地赶到。10月末，前线如下：加里宁—库宾卡—谢尔普霍夫—阿列克辛—图拉。德军虽遭重大损失，但仍增调兵力，变更部署，企图在冬季到来以前合围并占领莫斯科。

莫斯科成为德军的空袭目标。莫斯科防空部队同德军空军作了顽强斗争，10月间，德军对莫斯科进行了31次空袭，共有2000架飞机参加，其中278架被击落，只有72架闯入莫斯科上空。

军队和劳动者在莫斯科附近构筑新的防御工事，为构筑防御工事动员了45万首都居民，其中75%为妇女。莫斯科疏散了许多政府机关和最重要的企业；10月20日，国防委员会在莫斯科及其附近地域实行戒严。当局命令居民在街道筑起防御工事，连克里姆林宫附近都不例外，组建新的民兵师，使全城做好巷战准备。苏联政府向东撤退到古比雪夫（现在的萨玛拉），但斯大林仍然留在莫斯

科。为了提升国民及军队的士气，斯大林命令在11月7日于红场举行纪念十月革命的阅兵式。队伍在克里姆林宫前检阅，然后直接开赴前线。苏军以预备队和补充兵员加强了西方面军。11月10日，布良斯克方面军撤销。各方面军接受命令扼守所占领的地区，阻止德军从西北和西南迂回莫斯科。

三、粉碎围困

11月15日至18日，德军经过调整和补充后，向莫斯科重新发起进攻。德军在加里宁沿克林、罗加切沃方向和图拉方向分别实施主要突击，企图从北面和南面迂回莫斯科。11月底到12月初，德军付出了巨大损失的代价，前出到莫斯科运河。12月4日加里宁沦陷。12月5日莫斯科以南165千米的小镇图拉被局部包围。德军遇到苏军顽强抵抗。莫斯科附近的战斗变得越来越激烈。苏军派了无数新兵和自愿者，甚至将一个妇女营投入到战斗中。在莫斯科保卫战中，苏军的一个战斗小组表现得尤为感人，他们守卫在距离莫斯科200千米的一个公路路口，在与德军鏖战4个小时之后，他们击毁德军18辆坦克，击毙德军数十人，自己也只剩28人，政治指导员克罗奇科夫为激励战士，说出了“俄国虽大，但已无路可退，身后就是莫斯科”这一激动人心的话，最后，28 名勇士弹尽粮绝，全部牺牲，克罗奇科夫抱着一捆手榴弹扑向德军，炸毁了一辆德军坦克。苏军经过 11 月底至 12 月初的顽强防御和多次反突击，使德军突向莫斯科的最后企图破产了。苏军虽然经常处在危急状态，但终于坚持下来并消耗了德军。仅 11 月 16 日至 12 月 5 日，德军在莫斯科附近就死伤 15. 5 万余人，损失坦克约 800 辆、火炮 300 门、飞机近 1500 架。

1941 年至 1942 年的冬季就算以俄国人的标准来看都异常严寒。德军因战线过长，补给不足，战役中消耗过大，既没有设防御阵地和战役预备队，又无在冬季条件下作战的准备。11 月上旬入冬，虽然道路能够使用，但德军的冬季装备不足。由于认为在入冬前就能结束战事，保暖衣服和白色伪装服都不足，坦克和其他车辆都因为低温而不能动弹。德军士气严重受挫。而苏军则士气高涨。

苏军转入反攻并粉碎莫斯科城下德军的条件已经具备。斯大林任命华西列夫斯基中将担任代理总参谋长，并命令他立即拟订反攻作战计划。苏军反攻的指导思想是，同时粉碎德军中央集团军群分别从北面和南面威胁莫斯科的最危险的突击集团。反攻的基本任务赋予了西方面军，加里宁方面军和西南方面军分别在其北面和南面实施突击。

四、苏军反击

1941 年 12 月 5 日，朱可夫带领苏军发动大规模反击，此时德军进攻能力显然已经衰竭。其中最主要的攻势集中向中央集团军群。12 月 6 日，攻势在莫斯科地区全面展开。秋季期间，朱可夫从西伯利亚和远东地区调回了一些装备精良的部队到莫斯科，但一直留待反击之用。他相信苏联间谍里查德·左尔格的情报，指日本不会攻击苏联东部，在此之前佐尔格已经预计到“巴巴罗莎”计划。此时敌人已经非常接近莫斯科中心，他投入大量援军以对抗德军的攻势，包括新建造的 T－34 坦克和喀秋莎火箭炮。苏军部队已经为冬季战事准备好，包括多个滑雪营。

12 月 8 日，希特勒签署了在苏德战场全线包括莫斯科方向转入防御的训令。12 月 16 日，苏军解放了图拉。1942 年 1 月 7 日亦都重夺了莫斯科以北的加里宁。1 月初，西部战略方向的反攻乃告完成。精疲力竭的德军已经撤退到 100 千米至 250 千米外。德军 38 个师，包括 15 个坦克师和摩托化师遭重创。进攻莫斯科的突击集团被击溃，使德军惊慌失措，希特勒要求死守每一个居民地，一步也不后退，直到最后一兵一卒。

1 月 8 日，西方面军、加里宁方面军和布良斯克方面军（1941 年 12 月 24 日重建）实施了进攻战役进攻维亚济马。由于缺乏实施大规模进攻行动的经验以及缺少快速兵团，因而未能全部完成所赋予的围歼中央集团军群基本兵力的任务。2 月初，来自西欧的德军增援部队（12 个师又 2 个旅）和中央集团军群北翼部队分别实施反突击，苏军的态势恶化。4 月 20 日，苏军最高统帅部命令西方向部队转入防御、撤回外线作战部队。会战至此结束。

五、会战意义

1942 年 1 月 21 日，俄罗斯人与法国人时隔 130 年之后在博罗季诺战场再次相遇（1812 年夏，法国皇帝拿破仑率军入侵俄国，在博罗季诺曾与俄军进行过一次恶战）。这些法国士兵其实是德军的法籍雇佣军，共计 2452 人。他们的任务是守住博罗季诺，阻止苏联红军的进攻。德军元帅冯·克鲁格在向雇佣军们作战前动员时说："要像拿破仑那样英勇战斗！"事实上，这支雇佣军根本不经打，几天内便被彻底击溃：一半士兵阵亡，数百人被俘，余者带着冻伤被遣送后方。

其实，早在 1941 年 12 月 16 日，惊讶于德军溃逃的希特勒曾发布一道类似斯大林当年签署的死命令："不许后退！""坚守阵地至最后一名士兵战死"，并威胁称如果溃逃，将枪毙负领导责任的师长。第 4 集团军参谋长布鲁门特里特在《致命决策》一书中写道："希特勒已经意识到，部队在雪地上的撤退将导致整个战线的崩溃，我们的军队将重蹈拿破仑军队的覆辙。"结果不出希特勒所料：仅仅 3 年半之后，苏联红军便攻入了柏林。

苏军在莫斯科城下进行的防御，完全是背水一战，可以说占劣势。德军进攻的是俄罗斯族生活了几百年的核心地区，抵抗强敌、为国尽忠的决心和报复侵略者的力量支撑着苏军。在这里引用朱可夫元帅的一句话："不是雨和雪在莫斯科附近阻止了法西斯军队，而是受到苏联人民、首都和祖国支撑的苏军的不屈不挠、坚忍不拔的精神和英雄主义打败了德军百万以上的精锐部队。"莫斯科保卫战彻底打击了法西斯德国的嚣张气焰，使德军再也无力在全线发动进攻，为第二次世界大战的根本转折奠定了坚实的基础。纳粹德国企图快速征服苏联的计划破产，莫斯科保卫战胜利打破了德军不可战胜的神话，使其遭到无法弥补的物质损失。

13 短兵相接
——斯大林格勒会战

1942 年 4 月 5 日希特勒发布战争密令：

“4 月 5 日 第 41 号指令（东线作战）

领袖兼国防军最高司令　领袖大本营　国防军统帅部/国防军 1942 年 4 月 5 日指挥参谋部 1942 年第 55616 号绝密文件　只传达到军官

第 41 号指令在俄国的冬季会战行将结束。由于东线官兵表现得特别顽强和富有牺牲精神，德军已取得防御战的巨大胜利。

敌人在人员和物资方面损失极为严重。在这个冬季，敌人在扩大所谓初期战果的努力中，已使其准备用于以后作战的预备队主力受到很大消耗。一旦天气和地形条件具备，德军指挥官和部队的优势必将再次赢得行动的主动权，迫使敌人就范。

目标是，最终歼灭苏军残存的有生力量，尽可能多地夺取它的最重要的战争经济资源。为此，应投入德国国防军和盟军的一切可供使用的力量。”

一、战略要地

1941年6月22日，纳粹德国及其轴心国盟军发动“巴巴罗莎计划”，悍然入侵苏联，苏德战争爆发。德军闪电般地占领了苏联西部大片领土。在1941年夏秋季遭受了一连串打击的苏军在当年12月进行的莫斯科保卫战中取得了首次胜利。过度消耗的德军由于缺乏应付冬季的战争装备和稳定的供应线，在莫斯科城下遭受了严重打击，并在部分地区遭到反攻。

到1942年春天，漫长的苏德战线相对稳定了下来，但双方都在秣马厉兵，准备更大规模的战役，以争夺战略主动权。鉴于德军已无力发动全线进攻，德军最高统帅部希望攻击苏联意想不到的战略方向以求获得快速的成效。陆军总参谋长哈尔德将军建议，如果再要发动攻势，就应针对莫斯科。然而希特勒认为攻击莫斯科目标过于明显，并且中央集团军群已经受到了很大削弱，德军应放弃再次进攻莫斯科的计划。因此，德国开始筹划集中兵力在北部和南部战线发动新一轮局部攻势。此外，由于美国在遭到珍珠港偷袭之后对日本宣战，德国认识到时间颇为紧迫。希特勒希望能够在美军有机会加入欧洲战场之前结束东线战争或尽可能削弱苏联。

斯大林格勒原名察里津，后来改称伏尔加格勒，位于伏尔加河下游西岸，战前居民约60万人。它是苏联内河航运干线——伏尔加河上的重要港口，又是苏联南方的一个铁路交通枢纽和重要工业城市，拥有一家大型拖拉机厂——斯大林格勒拖拉机厂（又称捷尔任斯基拖拉机厂，该工厂是当时苏联最大的拖拉机厂，产量占全苏的一半，长期以来扮演兵工厂的角色）。斯大林格勒以西、以南是广阔富饶的顿河下游流域、库班河流域和高加索地区，是苏联粮食、石油和煤炭的重要产区。1941 年，德军占领乌克兰后，斯大林格勒成为苏联中央地区通往南方重要经济区域的唯一交通咽喉，战略位置极为重要。

如果德军占领这一地区，苏联就会失去战争所需要的石油、粮食和重要的工业基础，而德国此时也迫切需要这些资源。在即将发动攻势之前，希特勒曾对第 6 集团军司令保卢斯将军说：“如果我拿不到迈科普和格罗兹尼的石油，那么我就必须结束这场战争。”

由于德军从战争开始到 1941 年冬季伤亡了约 110 万人，希特勒先后派戈林和凯特尔元帅到各国征募仆从军，一共获得了 52 个师以供夏季作战使用。为实施上述战略意图，德国对南线兵力进行了重组，撤销了原南方集团军群番号，新组建了 A、B 两个集团军群。A 集团军群由利斯特元帅指挥，下辖克莱斯特上将的第 1 装甲集团军和鲁夫上将的第 17 集团军，由空军第 4 航空队进行空中支援，其任务是攻占高加索地区；B 集团军群由包克元帅指挥，下辖霍特上将的第 4 装甲集团军、魏克斯上将的第 2 集团军和保卢斯上将的第6集团军，由空军顿河地区航空队进行空中支援，其任务是攻占斯大林格勒，掩护A集团军群的北翼。在A、B两个集团军群的后方，又有第二线兵力，由匈牙利第2集团军、意大利第8集团军和罗马尼亚第3集团军组成。此外，在克里米亚地区，还有曼施泰因上将的第11集团军和罗马尼亚第4集团军。总兵力计60个德国师，其中10个装甲师、6个摩托化师，还有43个师的附庸国部队，共有1200辆坦克和强击火炮，17000门大炮和迫击炮，1640架作战飞机。

二、步步紧逼

按照希特勒的要求，德军最高统帅部拟订了1942年夏季南方作战计划，代号“蓝色行动”。其主要内容是：利斯特A集团军群以克莱斯特第1装甲集团军为左翼，鲁夫第17集团军为右翼，分别从哈尔可夫南面和塔甘罗格北面向东和东南方向进攻，占领顿河下游的罗斯托夫，向南进军以控制高加索地区的油田；包克B集团军群以霍特第4装甲集团军和魏克斯第2集团军为左翼，保卢斯第6集团军为右翼，分别从库尔斯克南面和哈尔可夫北面向东和东南方向突击，占领顿河上游的沃罗涅日，向斯大林格勒前进。

苏军最高统帅部同样也在加紧准备1942年夏季战役。斯大林及苏军最高统帅部判断，1942年夏季，德军可能在莫斯科方向和南方发动大规模的进攻，并以莫斯科为主要突击目标，因为在这个方向上，德军仍有70余个师，100多万人。因此，苏军最高统帅部决定将预备队的大部分兵力集中在莫斯科方向。

1942年5月8日，曼施坦因上将指挥的德第11集团军首先在克里米亚发起了攻势，一周后占领了刻赤半岛，俘虏苏军17万人。7月4日，守卫塞瓦斯托波尔要塞的近10万苏军被迫向德军投降，德军占领了整个克里米亚。5月12日，当刻赤半岛正在激战之际，铁木辛哥元帅指挥西南方面军和南方方面军，共约45个师，分别从哈尔科夫的东北和东南两面向哈尔科夫发起进攻。进攻开始时发展顺利，突破了德军防御，并于3昼夜内前进了约50千米。斯大林很高兴，并据此谴责总参谋部，说险些因为总参谋部的固执己见而取消了一次如此顺利的战役。但斯大林没能高兴多久。5月17日，德军克莱斯特第1装甲集团军在第17和第6两个集团军支援下，从哈尔科夫南面向苏军侧翼发起反攻，并于5月23日合围了苏南方方面军的第9、第57集团军，西南方面军的第6集团军和博布金战役集群，至5月29日，被围苏军大部被歼。

斯大林格勒战役（1942年）

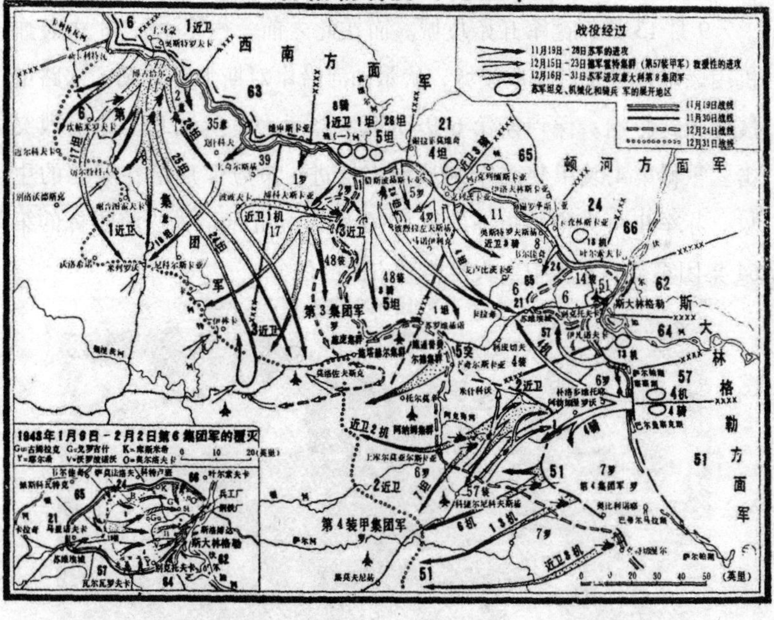

哈尔科夫战役拉开了斯大林格勒会战的序幕，德军在克里米亚和哈尔科夫的胜利使苏联来之不易的预备队消耗殆尽，南翼受到严重削弱，德军重新夺回部分战略主动权，暂时处于优势地位。德军

夺取了巴尔文科沃突出部，为即将发动的攻势占据了有利的进攻出发阵地。德军的进攻非常成功，苏联军队在空旷的大草原上很难进行有效的抵抗，苏军后撤达300千米，顿河及顿巴斯盆地最富饶的地区均落入德军之手。

三、坚韧不拔

斯大林格勒方向上的轴心国部队共有50多个师，其中直接进攻斯大林格勒的有13个师，17万人。而苏军斯大林格勒方面军和东南方面军虽有120个师，但人员缺额严重，实际防守斯大林格勒的是第62和第64集团军，共有9万余人，1000余门火炮，120辆坦克。

9月13日，德军开始攻城。而在此之前，德军Ju－88式轰炸机用燃烧弹将市区炸成废墟，伏尔加河沿岸对斯大林格勒的水路增援也受到影响。保卢斯第6集团军担当主力，从城北实施猛烈突击。霍特第4装甲集团军则从城南推进，策应保卢斯在城北的主攻。苏军崔可夫中将指挥的第62集团军和舒米洛夫少将指挥的第64集团军受领了保卫斯大林格勒市区的任务。

14 日，德军从城北突入市区，与苏第 62 集团军展开了激烈的巷战，双方逐街逐楼逐屋反复争夺。斯大林格勒变成了一片瓦砾场，城中 80% 的居住区被摧毁。在满是瓦砾和废墟的城中，苏联第 62 集团军顽强抵抗，在城中的每条街道、每座楼房、每家工厂内都发生了激烈的枪战。攻入城中的德军死伤人数不断增加。尽管德军对伏尔加河东岸进行频繁的轰炸，但是苏军还是从那里得到了不断的补给和支持。刚刚赶赴城中的红军战士的平均存活时间不超过 24 个小时，军官也只有约三天的平均存活时间。德军的主要战术是各兵种联合作战，非常重视步兵、工程部队、炮兵和空军的地面轰炸的协调。为了对抗这种战术，苏军指挥官采取了贴身紧逼的策略，尽量将己方的前线与德军贴近。这样导致了德军的炮兵部队无法发挥远程攻击的优势。

斯大林格勒会战中，苏联近卫航空兵 11 团的伊尔 -2 强击机给入城德军坦克重大杀伤。9 月 15 日，德军对马马耶夫高地实施重点突击。该高地是斯大林格勒城中的制高点，从这里可以俯瞰和控制全城，崔可夫中将的第 62 集团军司令部即设在这里。经过一天最为残酷的战斗，德军占领了马马耶夫高地。但在 16 日，苏近卫第 13 师渡过伏尔加河进入斯大林格勒，突然向德军发起反冲击，又夺回了该高地。很多重要据点双方进行了反复争夺，第一火车站的争夺战达一周之久。德军不顾一切，一步步向市中心逼近。

四、激烈巷战

9 月 25 日，德军占领了市中心，27 日冲进了北部工厂区，并重新占领了马马耶夫高地，但在 29 日又被苏军夺回。以后的战斗更加激烈，两方军队不断地交替占领这片高地。斯大林格勒工业区修建在丘陵中，建筑物用钢筋混凝土浇筑或用石头砌成。德军的推进不是用千米，而是用米来衡量。德第 6 集团军的一位叫汉斯 · 德尔的军官在《进军斯大林格勒》一书中写道："敌我双方为争夺每一座房屋、车间、水塔、铁路路基，甚至为争夺一堵墙、一个地下室和每一堆瓦砾都展开了激烈的战斗。其激烈程度是前所未有的。"对火车站反复争夺达13次之多。在一个大粮食仓库里，两军的士兵非常接近，甚至能够听到对方的呼吸声，经过数个星期的苦战，德军不得不从这个仓库撤走。在城中的另一个部分，由扬科夫·巴甫洛夫指挥的一个小分队（共计6人）占据了城中心的一座公寓楼，并顽强地进行抵抗。士兵们在大楼附近埋设了大量地雷，并在窗口安设了机枪，还将地下室的隔墙打通以便通讯。这座顽强的堡垒后来被苏联人骄傲地称为"巴甫洛夫大楼"。

由于德军无法看到战斗结束的迹象，便开始调遣包括600毫米迫击炮等重装甲部队开入城内。然而在伏尔加河东岸的苏联火炮部队将德军置于其炮火笼罩之下。而城中的红军防御部队仍然利用废墟进行战斗。由于城内布满了高达数米的瓦砾堆和废弃建筑，德国的坦克部队毫无用武之地。此外，苏联的狙击手非常成功地利用废墟作为掩体，给德军造成了极大伤亡。最为成功的一名狙击手Zikan到11月20日为止已经击毙了224个敌人，而日后成为好莱坞电影《兵临城下》中的主角瓦西里·扎伊采夫。另外一名狙击手也创造毙敌149人的纪录。

对于斯大林和希特勒来说，斯大林格勒战役都是事关成败的关键一战。苏军指挥部将战略重点从莫斯科转移到了伏尔加河地区，并且调动了全国所有的空中力量支持斯大林格勒。在9月底和10月初，苏军向斯大林格勒城区调去了6个步兵师和一个坦克旅；德军则调去了20万补充部队，包括90个炮兵营和40个受过攻城训练的工兵营。

双方部队的指挥官都承受着巨大的压力。德军的指挥官保卢斯得了眼部肌肉痉挛的疾病，而崔可夫也在不见日光的地下室司令部忍受着湿疹的病痛，以至于不得不将自己双手完全包扎起来。

10 月份一个月中，斯大林格勒一直进行着激烈的巷战。德军逐屋战斗，从地面和地下的废墟中找路前进，所以也被称为“老鼠战争”，甚至开玩笑说：“即使我们占领了厨房，仍然需要在客厅进行战斗。”对斯大林来说，是决不能让这座以自己名字命名的城市落入德军之手的。他亲自下令叶廖缅科上将，要求在任何情况下都要坚守该城。每一座房屋，只要有苏联军人，哪怕只有一个人，也要成为敌人攻不破的堡垒。而对希特勒来说，斯大林格勒的精神价值已超过了其战略价值，非要攻陷它不可。当新任陆军总参谋长蔡茨勒将军小心地向他指出第 6 集团军北翼漫长的顿河战线面临着危险，建议将第 6 集团军撤到顿河河曲时，希特勒严厉地回答说：“德国士兵到了哪里，就要守到哪里！”

经过 3 个月血腥的战斗，至 11 月初，德军终于缓慢地推进到

了伏尔加河河岸，并且占领了整座城市的80%地区，将留守的苏联军队分割成两个狭长的口袋状，但德军始终未能完全占领斯大林格勒。此外，伏尔加河开始结冰，导致苏联不能再通过船只运送补给品给城中守军。尽管如此，马马耶夫高地附近的战斗和北部城区的工厂地带的战斗依然非常激烈。其中，红色十月工厂、拖拉机厂和街垒工厂的战斗为全世界所知晓。当苏联士兵与德军进行枪战的同时，工厂内的工人就在侧旁修复损坏的坦克和其他武器，有的时候甚至就直接在战场上修理武器。坦克由工厂的工人志愿兵驾驶。这些坦克往往直接从兵工厂的生产线上开到了战斗前线，甚至来不及涂上油漆和安装射击瞄准镜。

11月11日，德军以5个步兵师、两个装甲师和两个工兵营在宽5千米的正面上发起强攻。战斗队形高度密集。一天之内，苏德两军为争夺每寸土地、每一座房屋，都进行了异常激烈的战斗，双方伤亡惨重。德军虽然在街垒工厂以南冲到了伏尔加河岸，但部队已疲惫不堪，其攻势已成强弩之末，保卢斯被迫于次日停止了进攻，修整部队。苏军的损失同样严重，第62集团军的两个师损失了75%的兵员。

根据苏联方面统计，从7月到11月的战斗中，德军在顿河、伏尔加河和斯大林格勒的战斗中损失约70万人，1000余辆坦克，2000多门火炮，1400余架飞机。

五、红军反攻

苏军最高统帅部自9月底开始准备大反攻，负责斯大林格勒地区总体战略的朱可夫开始向斯大林格勒秘密大规模集结兵力。至11月中旬，在斯大林格勒地域城外的南北两侧的苏军计3个方面军10个诸兵种合成集团军，一个坦克集团军，4个空军集团军和若干个独立军、坦克军和旅，共143个师110.6万人，计15500门火炮和迫击炮，1463 辆坦克和强击火炮，1350 架飞机。当面的德军 B 集团军群共有 80 个师又 3 个旅，约 100 万人，10290 门火炮，675 辆坦克，1216 架飞机。

当德军最高统帅部接到苏军发起反攻的消息后，陆军总参谋长蔡茨勒将军力劝希特勒下令保卢斯撤出斯大林格勒。然而，空军司令戈林元帅却向希特勒保证说，他可以保证空军有能力通过“空中桥梁”为第 6 集团军进行空中补给。事实证明德国空军根本没有提供如此大规模部队的供给的运输能力，其每天 300 吨的运输上限也无法满足每天 700 吨的需求。但希特勒仍然支持戈林的计划，希特勒遂下令保卢斯坚守阵地，第 6 集团军必须留在斯大林格勒，并命令他这个集团军今后改称“斯大林堡垒”集团军。由于恶劣天气和苏军防空火力，空投计划很快就遭受失败。据统计，德军只得到 10% 左右的所需物资，第 6 集团军渐渐感受到饥饿的威胁。另一面，苏军在不断加强对斯大林格勒的包围圈，并开始缩小包围圈的行动。

12 月 12 日，曼施泰因元帅怀着沉重的心情，发起了代号为“冬季风暴”的反攻。德军以霍特第 4 装甲集团军为先导，于 12 月 16 日突破了苏军第 51 集团军在阿克赛河上的防线。至 12 月 19 日，第 4 装甲集团军所属的第 57 装甲军已突进到离南面包围圈 48 千米以内的地方。此时，曼施泰因发现自己也有被数倍于己的苏军包围的危险。于是，他决定不顾希特勒的命令，下令保卢斯立即向南突围与第 4 装甲集团军会合。然而保卢斯在没有接到希特勒的直接命令之前，没有突围的意图，他以燃料不足为由拒绝了曼施泰因的命令，放弃了这最后一次机会。12 月 27 日，苏军发动强大反击将霍特第 4 装甲集团军击退约 150—200 千米，终于使其退回了原来的阵地，迫使德军统帅部最后放弃解救被围集团的企图。曼施泰因的

“冬季风暴”宣告失败。当时温度已降到零下45摄氏度。伏尔加河面的冰层逐渐变厚，因此苏军可以更加便利地补给己方部队。而包围圈中的德第6集团军的空运补给越来越少，平均每天不到100吨。德第6集团军濒于弹尽粮绝的境地。口粮的分配已减到了能够维持生活的标准之下；炮兵的弹药开始感到缺乏；医药品和燃料都已经用尽；数千人患上伤寒和痢疾，而冻伤的人就更多，每天都有数千名士兵死于饥饿、严寒和营养失调。一些军官试图说服保卢斯不顾希特勒的命令而迅速突围。但是保卢斯害怕背上违抗军令的罪名，因此坚持按兵不动。12月29日，保卢斯派第14军军长胡比中将飞出包围圈去晋见希特勒，把第6集团军的情况当面向元首汇报。但希特勒还是命令第6集团军死守斯大林格勒，直到明年春天为止。同日，由于蔡茨勒的一再要求，希特勒终于同意把A集团军群从高加索撤出。

六、德军覆灭

1943年1月，苏联红军发起了又一轮攻势，代号为“木星行动”，试图突破顿河地区的意大利军防线，并攻取罗斯托夫。如果这次行动成功，德军南部集团军的余部将被完全围困在高加索地区。苏军虽然始终未能接近罗斯托夫，但是这次行动迫使德军与斯大林格勒包围圈内的德军相隔250千米以上的距离。事实上，第6集团军已经完全失去了增援。保卢斯向希特勒报告说：“部队已不能支持了，继续抵抗已毫无意义，请准允我们投降。”他得到的答复是：“投降是不可能的，第6集团军应在斯大林格勒尽到其英勇的责任，直到最后一人为止。”

1月30日，希特勒授予保卢斯德国陆军元帅节杖，以鼓励其继续抵抗下去。他对约德尔说：“在德国历史上，还从来没有元帅被生俘的。”希特勒也希望保卢斯能够战斗到底或自杀殉国。1月31

日，保卢斯向总部发出最后一份电报："第6集团军忠于自己的誓言并认识到自己所负的极为重大的使命，为了元首和祖国，已坚守自己的岗位，打到最后一兵一卒，一枪一弹。"但是，当苏军攻入德军设在百货商场内的司令部时，保卢斯选择了投降。1943年2月2日，被围困在斯大林格勒城北的第11军残部也宣布投降。至此，斯大林格勒会战结束。德第6集团军司令保卢斯元帅，步兵第4军军长普费尔中将、第51军军长库尔茨巴赫中将、第295师师长科尔费斯少将等23位将官，2000名校级以下军官和91000名极度饥饿劳累的德军士兵被俘，约14万人死亡，只有3万余伤患者事先陆续空运撤出。

让苏军大为惊喜并同时让德军极为失望的是，战俘中包括22名将军。希特勒对这位新陆军元帅极为失望，并公开说："保卢斯差一步就要跨入光荣的殿堂，但是他还是选择了退却。"

尽管在战役结束前数星期，德国的官方媒体已经停止报道相关的有利消息，但德国民众还是直到1943年1月底，才了解到在斯大林格勒发生的悲剧。这并不是德军遭受的第一次打击，但是这次失败无论在规模还是在战略意义上，都是其他战役不可比拟的。

无论从什么角度评论，斯大林格勒战役都是二战中甚至人类战争史上最为惨烈的战役之一。整个战役持续199天。由于战役规模太大，伤亡者人数始终无法得到准确统计。在战役最后阶段，德军仍然对苏军造成了沉重的打击，同时，苏军也几乎消灭了德军第6集团军全部和第4装甲集团军部分，有21个德国师的番号被从序列表中消去，另有大量直属部队被消灭。斯大林格勒会战后，德军完全丧失了苏德战场的战略主动权，正如德国陆军总参谋长蔡茨勒将军所说的："我们在斯大林格勒损失25万官兵，那就等于打断了我们在整个东线的脊梁骨。"

法西斯集团损失官兵近150万人，约占其苏德战场总兵力的四分之一。苏军斯大林格勒会战的胜利扭转了苏德战场的局势，不仅成为苏德战争的转折点，而且也是第二次世界大战历史性转折的主要标志。

苏军从此基本掌握战略主动权，开始从战略防御转入战略反攻和进攻。会战的胜利坚定了全世界人民反法西斯斗争的必胜信心，巩固并扩大了国际反法西斯统一战线。法西斯集团在斯大林格勒的失败，震撼了整个法西斯德国，动摇了仆从国对它的信任。

14 折戟沉沙
——中途岛海战

◇

在太平洋战争期间，日本军队每取得一次胜利，被战争狂热煽动起来的东京市民就排着长队，挥舞着纸制太阳旗，涌到皇宫门前举行祝捷大会。然而，在这些热闹欢腾的背后，有一个人总显得心事重重。此人便是日本海军联合舰队司令山本五十六大将。日军偷袭珍珠港成功后，他就曾冷静而清醒地指出：我们只是唤醒了一个巨人，必须在巨人尚未起身之前，完成袭击珍珠港未竟之事业，彻底击毁美太平洋舰队。因此，山本竭力赞成联合舰队参谋长宇垣少将提出的进攻中途岛的计划，认为若能占领该岛，则既可将该岛作为日机空中巡逻的前进基地，威逼夏威夷，又可诱出美舰队，在决战中予以歼灭。

一、末日疯狂

日本自1941年12月7日偷袭珍珠港开始，发动了太平洋战争，以后在3个多月的时间里便占领了东自威克岛、马绍尔群岛，西至马来半岛、安达曼和尼科巴各岛，南至俾斯麦群岛地区，几乎完全控制了整个西太平洋。

珍珠港事件后，罗斯福总统决定由切斯特·尼米兹接替金梅尔出任美太平洋舰队的司令，他对尼米兹说："到珍珠港去收拾败局，然后留在那里，直到战争胜利。"临危受命的尼米兹到任后，很快组织了只有4艘航空母舰及其护航舰的舰队。这支舰队袭击了在中太平洋岛屿上的日军，紧接着实施了一项令人震惊的作战计划——轰炸东京。

1942年4月18日，从"大黄蜂"号航空母舰上起飞的16架B－25式轰炸机飞临东京上空，投下炸弹和燃烧弹后顺风直飞中国。这次空袭震动了日本朝野，也刺激了山本，使他更加坚定了要进攻中途岛的决心。4月28日，山本在其旗舰"大和"号巨型战列舰上召开海军高级将领会议，确定了进攻中途岛的具体作战计划：先派遣一支舰队进攻阿留申群岛，在该群岛的阿图岛、基斯卡岛登陆，以此为诱饵，将美军舰队的注意力引到北面去，然后以主力舰队趁机夺占中途岛。作战日期初步定在6月初。5月5日，日本海军军令部发布了《大本营海军部第18号命令》，正式批准中途岛作战计划，并被命名为"米号作战"。

正当山本谋划此次行动时，1942年5月7日，珊瑚海战斗爆发，这是人类历史上航空母舰的首次大规模交锋。日本舰队在实施其占领澳大利亚的第一个步骤——进攻莫尔兹比（新几内亚首都）港口，途中遭遇弗兰克·弗莱彻少将率领的两艘美国航空母舰"约克城"号及"列克星敦"号，这两艘航母由7艘巡洋舰护卫。美国

击沉了日本航空母舰“祥凤”号，严重损伤“翔鹤”号，但失去了“列克星敦”号。珊瑚海战斗对于阻止日本入侵澳大利亚起到了决定性作用，但也增强了山本征服中途岛的决心，他欲在那里建立一个飞机场，作为打击所有来自美国的船只的基地。首先对远离阿拉斯加、由美国控制的阿留申群岛进行牵制性进攻，希望以此分散美国整个舰队对中途岛的注意力。但美国设法截获了日本高级指挥官之间的通讯信息，发现了山本的计划，因此，尼米兹决定对阿留申群岛不采取任何行动，而将3艘航空母舰及8艘巡洋舰派往中途岛。

二、要塞之地

中途岛，面积只有4.7平方千米，其特殊的地理位置决定了它战略地位的重要性。该岛距美国旧金山和日本横滨均相距2800海里，处于亚洲和北美之间的太平洋航线的中途，故名中途岛。另外它距珍珠港1135海里，是美国在中太平洋地区的重要军事基地和交通枢纽，也是美军在夏威夷的门户和前哨阵地。中途岛一旦失守，美太平洋舰队的大本营珍珠港也将唇亡齿寒。

日本在珊瑚海海战之后的仅仅一个月就已经把中途岛拟定为下一个攻击目标。这不仅能报美国空军空袭东京的一箭之仇，还能敞开夏威夷群岛的大门，防止美军从夏威夷方面出动并攻击日本。日本海军想借此机会将美国太平洋舰队残余的军舰引到中途岛一举歼灭。为达到该目的，日本海军几乎倾巢而出，投入大半兵力，舰队规模甚至超越后来史上最大海战莱特湾海战时的联合舰队，是日本海军在二战中最大的战略进攻。然而由于珊瑚海海战的牵制，使联合舰队少派遣了两艘航空母舰——即受伤的“祥鹤”号、“瑞鹤”号，对作战造成极严重的影响。

若日本海军达到所定下的目标，那美国西岸就会直接遭到日本海军的威胁。由于美国其余的海军军舰已部署到北大西洋，美国在短期内就没有能力有效地在太平洋对日本海军作出反击。日本深知美国的军事潜力。美国巨大的工业生产能力一旦完全纳入战争轨道，日本就很少有获胜的希望。所以日本希望在这种情形出现之前就逼迫美国坐到谈判桌前，迅速结束与美国的战争。

如果日本海军威胁或者真的攻击美国西岸的话，便会迫使美国把急需送往欧洲前线的军事配备转移到美国西岸，这不但会造成欧洲战区出现军需短缺的现象，甚至可能使欧洲战区再次失守，而让纳粹德国得到最后的胜利。

三、料敌制先

美国海军情报局在与英国以及荷兰相关单位紧密的合作下，开始成功地解读日本海军主要通讯系统JN－25的部分密码。到了五月上旬，联军在破解JN－25上取得了重大的突破，也因此得到了窥探日本海军计划的能力。JN－25 让联军得悉“AF 方位”将会是日本海军的下一个攻击目标，然而联军就偏偏破解不到“AF 方位”的位置。一些美军的高层将领认为“AF 方位”便是中途岛，另外一些则认为是阿留申群岛。然而任凭联军解码科技多么的先进，也仍然无法破解“AF 方位”的正确位置。正当美军高层大伤脑筋的时候，一名年轻军官却想到了一个能够确认“AF 方位”是不是中途岛的妙计。他要求中途岛海军基地的司令官以无线电向珍珠港求救，说中途岛上的食水供应站出现了问题，导致整个中途岛面临缺水的危机。不久后，美国海军情报局便截获到一则 JN－25 信息，内容果然提到了“AF 方位”出现缺水问题。结果“AF 方位”便证实为中途岛，也就是日本海军的下一个攻击目标。

由于要从 JN－25 得到情报非常费时，美国太平洋舰队司令海军上将切斯特·尼米兹到了最后一刻才掌握了能够用来埋伏日本舰队的可靠情报。他立即召回了在太平洋西南方的航空母舰“企业”号、“大黄蜂”号以及因为参与珊瑚海海战而正在珍珠港进行重大维修的“约克城”号，并任命雷蒙德·斯普鲁恩斯少将代替患病的哈尔西中将指挥第 16 特混编队。尼米兹就准备以 3 艘“约克城”级航空母舰为主力，再加上约 50 艘支持舰艇，埋伏在中途岛东北方向，攻击前往中途岛的日本舰队。

在珊瑚海海战受重伤的“约克城”号返回珍珠港时，它看上去需要进行几个月的重大维修工程。经过 72 小时（根据《国家地理：战争风云》提供的资料为 24 小时）不眠不休的抢修，她的飞行甲板已重新铺平，内部也装上新的钢条支撑架，舰载机组成新的舰载机队。尼米兹上将不惜违反许多海军条例，就为了达成让“约克城”号随行的目标。“约克城”号入港仅仅 3 天后，它奇迹般地随着美军舰队（第 17 特混编队）奔向中途岛，展开她的最后一次作战任务。

与此同时，日本海军参加珊瑚海海战的航空母舰“瑞鹤”号在位于特鲁克（Truk）的基地等待一批新的舰载机；受伤的“翔鹤”号则在基地进行维修。如果日本海军没有大意，以为美军只会派遣两艘航母“企业”号及“大黄蜂”号迎击“苍龙”号、“飞龙”号、“赤城”号以及“加贺”号的话，那么中途岛海战，将可能会有迥然不同的结局。

6月4日凌晨，日本第一攻击波机群36架俯冲轰炸机、36架水平轰炸机和36架零式战斗机开始从4艘航空母舰上同时起飞，108架舰载机在永友文市海军大尉的率领下出发攻击中途岛。南云中将命令侦察机搜索东、南方向海域，第二攻击波飞机提到飞行甲板上，准备迎击美国舰队。但是重巡洋舰“利根”号的两架侦察机因为弹射器故障，起飞时间耽误了半个小时，“筑摩”号的一架侦察机引擎又发生故障中途返航（这架飞机本应该正好搜索美国特混舰队上空），给日本舰队埋下祸根。

经过3小时激战，日本的防御屏障似乎证实牢不可破，因此日军改变了93架轰炸机和鱼雷飞机的任务。但在上午10时22分，这个牢不可破的防御屏障终于打开一个缺口。“飞龙”号航母忽然脱离箱形编队，向北驶去，但其余3艘航母仍然抱成一团，在飞机起飞点进行反击。它们的飞行甲板成了邀请大灾难降临的地方：一群飞行员激动地加大发动机的转速，一堆堆炸弹放得乱七八糟，军官士兵紧张地奔跑，高辛烷油料软管像蛇一样在人们的脚下弯弯曲曲。日军只需要5分钟就能完成出击准备，一举消灭美国航母。但是，历史不会重演。

“零”式飞机正在低空飞行，追击低空飞行的美军鱼雷飞机。这使得日本航母缺少对付高空攻击的战斗机巡逻掩护。正在这时，美国海军韦德·麦克拉斯基少校率领的从“企业”号航母起飞的36架“无畏”式俯冲轰炸机和马克斯韦尔·莱斯利少校率领的从“约克城”号航母起飞的17架俯冲轰炸机，忽然破云而出，飞掠下来，它们令人毛骨悚然的尖叫声使下方的日本航母预感到了即将到来的灾难。

四、战役结果

中途岛战役美军只损失1艘航空母舰、一艘驱逐舰和147架飞机，阵亡307人；而日本却损失了4艘大型航空母舰、一艘巡洋舰、330架飞机，还有几百名经验丰富的飞行员和3700名舰员。日本海军从此走向了失败。为了掩盖自己的惨败，避免挫伤部队的士气，6月10日日本电台播放了响亮的海军曲，并宣称日本已“成为太平洋上的最强国”。当惨败的舰队疲惫不堪地回到驻地时，东京竟然举行灯笼游行以庆祝胜利。美国海军首脑事后评价道：“中途岛战斗是日本海军350年以来的第一次决定性的败仗。它结束了日本的长期攻势，恢复了太平洋海军力量的均势。”同时，此战还给日军高层造成了难以愈合的创伤，这一痛苦的回忆直到二战结束一直挥之不去，使他们再也无法对战局作出清晰的判断。

美国著名海军历史学家塞缪尔·E·莫里森把美国海军在中途岛海战中的胜利称之为“情报的胜利”。美国海军提前发觉日本海军的计划，是日本海军失利的唯一最主要的原因。但是从中途岛海战日军高炮没有阻止一架轰炸机投弹，以及马里亚纳海战中高炮仅造成了数架美机的损失来看，不宜对战列舰编入航母编队在防空中发挥的作用过高期待。公平地说，美国人在换装威力巨大的博福斯40毫米舰载高炮及配备近炸引信前，也十分差强人意。而日本和美国战前都在进行战列舰建造竞赛。

日本海军计划最明显的失误是分散部署兵力，联合舰队各部队在相隔很远的距离上单独作战，而美国海军却最大限度地集中部署兵力。联合舰队的优势被削弱了。日军计划的另一个失误是，进攻中途岛本来是诱使敌舰队决战，可却给航空母舰套上支持占领中途岛的任务，并一厢情愿地认为在中途岛受到攻击以前，敌舰队不会离开其基地。日军的侦察搜索计划同样不力。最后导致南云遇到进退维谷的难题和来回换装鱼雷、炸弹的尴尬局面。

中途岛海战改变了太平洋地区日、美航空母舰实力对比。日军仅剩大型航空母舰两艘、轻型航空母舰4艘。从此，日本在太平洋战场开始丧失战略主动权，战局出现有利于盟军的转折。美国海军不仅在此战役中成功地击退了日本海军对中途环礁的攻击，还因此得到了太平洋战区的主动权，所以这场恶仗可以说是太平洋战区的转折点。

15 血肉之路
——瓜岛争夺战

◇ ……………

范德格里夫特6月26日刚到新西兰的奥克兰，就被告之将参加8月的瓜岛作战，他以前甚至根本不知道有瓜岛，看了作战计划后将其戏称为“瘟疫行动”。最大的问题是兵力不足，陆战1师只有两个团到达战区，另一个团还在萨摩亚，经戈姆利和范德格里夫特的强烈要求，才将陆战第2师的第2团和其他部队3个营编入陆战第1师的建制，勉强凑成一个加强师，总兵力约1.8万人。但这3个团都还没有进行过严格、系统的登陆战训练，战术水平、战斗力都很低。在7月28日举行的临战演习中，情况非常糟糕，范德格里夫特只好自我安慰：“好莱坞的惯例是糟糕的彩排预示着成功的公演。”

一、战役序幕

日军由于1942年6月中途岛海战的惨败，失去了战争初期在太平洋上的制海权和制空权，也失去了战略主动，被迫停止了战略进攻，放弃或推迟了对斐济、萨摩亚和新喀里多尼亚等地的进攻。但日军并未意识到自己的实力已大为削弱，美军的实力、士气都大大增加，仍决定继续实施对南太平洋诸岛的进攻，计划先在瓜岛修建航空基地，前出航空兵力，以掩护对新几内亚岛的莫尔兹比港的进攻，在新几内亚岛站稳脚跟后，再向东南逐步推进，进逼同盟国在南太平洋上的重要基地——澳大利亚，以此重新夺回战略主动权。

为实现这一战略企图，大本营陆军部大力充实原准备为斐济、萨摩亚作战而于1942年5月组建的第17军。该军由天皇侍从武官长的弟弟百武晴吉中将任军长，军部设在新不列颠岛的拉包尔，至8月初，该军已辖有南海支队、一木支队、青叶支队等部，总兵力约13个大队，集结于新几内亚东部和俾斯麦群岛，担负攻占莫尔兹比港的任务。

日军继1942年1月进占拉包尔，并将这个港口和附近的机场建设成南太平洋最重要的海空基地后，又于1942年5月占领了图拉吉岛。该岛位于所罗门群岛南部，正处在以拉包尔为基地的战斗机作战半径的边缘，南距所罗门群岛第二大岛瓜岛约30海里，北面紧挨着佛罗里达岛，是南太平洋海空交通的枢纽要地，原有澳大利亚部队驻守，后因战局恶化无力防御而主动撤离。日军占领该岛后就开始修建机场，并对附近岛屿进行勘察，发现瓜岛虽然多山多丛林，但瓜岛北部隆加河冲积平原地势平坦，比图拉吉岛更适合建机场，于是6月16日派门前鼎大佐率第11工兵队约2000名工兵登上瓜岛，开始修筑机场。

美军虽然在中途岛战役中取得了巨大胜利，使中太平洋地区的局面趋于稳定，但在南太平洋，仍比较被动。当日军于1942年1月占领拉包尔后，美国海军作战部长金上将就于2月提出占领图拉吉岛，以阻止日军的推进，保护美国至澳大利亚之间的海上交通。罗斯福总统对此设想也表示支持。为抓紧时间进行必要准备，美国海军于3月派部队进驻新赫布里底群岛的埃法特岛，随即又向北占领了圣埃斯皮里图岛，并开始在这两个岛上修建机场。同时将精锐部队——海军陆战队第1师从本土运往新西兰。

二、作战开始

太平洋战区司令尼米兹和西南太平洋战区司令麦克阿瑟都认为拉包尔已是日军的核心基地，扭转战局的关键就是尽快夺取拉包尔。但是在具体战术上还存在分歧，麦克阿瑟主张集中最大兵力在俾斯麦群岛组织登陆作战，一举攻占拉包尔。尼米兹则认为日军在拉包尔已形成了坚固防御，部署有近700架岸基飞机，还随时能得到包括4艘航母在内的联合舰队的支援。而美军此时在太平洋上只有3艘航母，实力比日军弱，不能贸然行动。所以主张先在所罗门群岛南部登陆，在新占岛屿上建立机场，然后在航空兵支援下逐步推进，步步为营，最终夺取拉包尔。而对这一战役的指挥官人选，美国陆海军也有争议，陆军参谋长马歇尔主张应由麦克阿瑟指挥，海军作战部长金上将则认为此次战役是在多礁石的所罗门群岛海域作战，如果由不懂海军的人来指挥，就有使海军舰队在这样的危险海域陷入被动的可能，所以应由尼米兹来指挥。双方互不相让，僵持不下，最后只好由罗斯福总统亲自出面主持协调，这才达成了双方都能接受的方案，参谋长联席会议据此于4月1日正式通过代号为“瞭望台”的作战计划。计划第一阶段由尼米兹指挥攻占圣克鲁斯群岛和图拉吉岛；第二阶段由麦克阿瑟指挥，攻占所罗门群岛其余岛屿，并肃清新几内亚岛东部莱城、萨拉莫阿地区的日军；第三阶段仍由麦克阿瑟指挥，攻占新不列颠岛和新爱尔兰岛，进而夺取拉包尔。

4月20日，成立南太平洋部队，由戈姆利中将任司令，下辖第61、第62特混编队，拥有航母3艘、战列舰一艘、巡洋舰14艘、驱逐舰32艘。这支部队归尼米兹指挥。5月17日，戈姆利从华盛顿抵达司令部所在地新喀里多尼亚的努美阿，随即将司令部前移至新西兰的奥克兰，积极组织战役准备。

7月2日，参谋长联席会议考虑到由于太平洋战区和西南太平洋战区的作战区域分界线是东经160度，这样，就会有一些太平洋战区的部队进入西南太平洋战区的地域，指挥上可能会有摩擦，于是发布命令将两个战区的分界线西移1度，改为东经159度。如此一来，瓜岛和图拉吉岛都划入太平洋战区，以减少作战指挥上不必要的麻烦。这一决定虽然解决了战区指挥权的问题，但没有明确海军特混舰队与海军陆战队之间的指挥关系，给以后的作战指挥埋下了隐患。参谋长联席会议的命令中同时决定将于8月1日发起作战。

7月4日，美军侦察机发现日军已经在瓜岛上修建机场，如果瓜岛机场修成，日军从这一机场起飞的飞机能够到达圣埃斯皮里图岛、埃法特岛、新喀里多尼亚岛一线，严重威胁了美国至澳大利亚的海上交通线。参谋长联席会议立即将“瞭望台”作战的第一阶段作战目标改为瓜岛和图拉吉岛。

戈姆利中将见日军兵力强大，而自己兵力单薄，准备工作又未就绪，现在还要将登陆地点前移，缺乏胜利的信心，要求推迟进攻，经尼米兹说服，这才同意于8月7日发起进攻。参战兵力分为三部分：一是特纳少将指挥的登陆运输编队，编有23艘运输船和

11 艘驱逐舰，负责将海军陆战第 1 师送上瓜岛和图拉吉岛；二是克拉奇利少将指挥的掩护编队，编有巡洋舰、驱逐舰各 8 艘，负责直接掩护登陆运输队；三是弗莱彻中将指挥的特混舰队，共有航母 3 艘、战列舰一艘、巡洋舰 6 艘、驱逐舰 16 艘、油船 3 艘，负责海空支援与掩护。还有西南太平洋战区的 300 架岸基飞机提供空中支援。上述部队 7 月 26 日在斐济群岛海域集结，7 月 28 日至 31 日，海军陆战第 1 师在斐济群岛的科劳岛进行了登陆演习，舰艇部队也进行了与登陆部队的合同演练。

三、出师不利

美军的作战准备极不充分，由于瓜岛历来鲜为人知，美军除了曾在瓜岛的澳大利亚种植园主提供的零星情报外，就只有一张 90 年前的海图、几张传教士拍摄的旧照片和杰克·伦敦撰写的关于所罗门群岛的小说了。作为登陆主力的陆战第 1 师是美国最早进行登陆战专项训练的精锐部队，但是该师大批优秀的训练有素的军官、军士被调去作为新组建的陆战第2、第3师的骨干，现在部队成员大都是刚入伍的新兵，战斗力已不可与老1师同日而语。1942年6月底，陆战第1师的3个团中，第5团刚到达新西兰；第7团几乎全由新兵组成，刚结束新兵基本训练，到达萨摩亚；第1团则还在开往南太平洋的途中。师长范德格里夫特少将原本得到保证，该师1942年年底以前不会参战，至少还有半年的训练时间。但范德格里夫特6月26日刚到奥克兰，就被告之战役准备时间仅4个星期，准备工作极其紧张。奥克兰港口立即被大量作战物资所淹没，由于参加登陆作战的运输船的物资装载必须按照特殊的“战斗装载”标准装载，港口又小，又正逢新西兰多雨的冬季，连日大雨，使码头上秩序非常混乱。加上码头工人正在进行罢工，陆战第1师的官兵不得不进行卸货、装载的工作。他们分成3班，24小时连续不断工作，疲惫不堪，怨声载道。戈姆利的司令部也是一片混乱。他的司令部刚刚组建，参谋人员还很少，而作战准备时间又那么急促，把他们搞得手忙脚乱。

弗莱彻中将不愿让他宝贵的航母在敌岸基飞机活动半径范围里停留过久，公然拒绝在瓜岛海域停留5天，只肯停留两天。他的这一态度更是让戈姆利对这次作战忧心忡忡，而戈姆利又无权指挥弗莱彻。戈姆利干脆把指挥权交给弗莱彻，自己留在了努美阿。来努美阿视察作战准备工作的海军作战部长助理福莱斯特尔将军了解这些情况后，就对戈姆利说：“如果美国人民知道我们的部队就这样去打仗，一定会起来造反的！”

四、顽强抵抗

1942年7月31日，美军舰队从斐济起航。8月6日晚，美军登陆编队已到达距瓜岛约60海里的海域，借助恶劣天气的掩护，一直未被日军发现。在登陆编队航渡的同时，驻埃法特岛和圣埃斯皮里图岛的美军航空部队出动 B－17 轰炸机对所罗门群岛的日军进行了压制空袭，从新几内亚岛起飞的美军飞机则密切监视俾斯麦群岛和新几内亚岛东北部的日军。

8 月 7 日凌晨 1 时，登陆编队到达距瓜岛 10 海里的海域，一分为二，代号 X 射线的部队是由范德格里夫特指挥的第 1、第 5 陆战团，经萨沃岛南水道进攻瓜岛；代号 Y 射线的部队是由副师长鲁普斯塔斯准将指挥的 4 个营，取道萨沃岛北水道进攻图拉吉岛。另两个营作为预备队。

6 时许，掩护编队的军舰开始炮击瓜岛日军阵地，随后从航母起飞的舰载机飞临瓜岛，进行猛烈的轰炸和扫射。在舰炮和航空火力支援下，第一波登陆部队于 9 时 40 分开始上陆，第 5 陆战团团长亨特上校身先士卒，第一个冲上滩头，部队紧跟在后冲上岸，逐步扩大滩头阵地，向纵深发展。随后滩头控制组上岸，组织后续部队有序上岸。由于日军的情报机关根本没能预见到美军的登陆，因此岛上的日军毫无准备，而且岛上的日军虽说是工兵部队，其实是修建机场的朝鲜劳工，没带什么武器。少数警备部队看到美军大兵压境，不敢抵抗就逃入丛林，所以美军一枪未发就成功上岸，到日落时已有1.1万余人登上瓜岛。但因没有准确的地图，上岸后就在丛林中摸索前进，直到第二天早晨才到达机场。日军慌忙扔下刚做好的早餐逃入丛林，美军轻而易举夺下机场，跑道已经有80%完工了，塔台、发电厂都已建成。还缴获了大批粮食、建筑设备、建筑材料，最受欢迎的战利品却是几百箱日本啤酒和一个完好的冷冻加工厂。尽管瓜岛登陆战非常成功，但这是在日军几乎没有防御情况下取得的，如果日军稍有准备，美军必将遭受严重失利。在登陆中暴露了不少问题，比如海岸控制组人手太少，不得不动用战斗部队进行物资卸载；又如有的人在海滩上忙得喘不过气来，有的人却闲来无事可做，在海滩上晒日光浴或到丛林中打鸟。虽然有这样那样的不足，但美军总算顺利登上了瓜岛。

图拉吉岛却与瓜岛完全不同，登陆的美军经受了真正的战火考验。图拉吉岛是个天然的避风良港，岛的东侧有两个小岛：加武图岛和塔那姆勃戈岛，像两个哨兵保卫着图拉吉岛。英国殖民者战前曾在这两个小岛建有简易水上飞机机场，日军占领这里后，加以扩建完善，计划建设成为可以监视整个所罗门群岛的水上飞机机场。美军高估了图拉吉岛日军的实力，集中炮火进行猛烈轰击，日军急忙躲进掩体，美军在炮火掩护下成功上岸，但向纵深推进不久就遇到了日军顽强抵抗。而在两个小岛上，美军却低估了日军。由于岛屿太小，日军在海滩前沿组织防御，加上美军的炮火准备没能摧毁日军修筑在坚固山崖上的工事，而登陆艇下水又太早，从一万多米

外开始冲击，使得日军有充足的时间进入前沿工事，当美军刚冲上岸立足未稳之际，就突然开火，美军指挥官重伤，士兵伤亡惨重，被密集的火力压在海滩上寸步难行，由于敌我距离太近，根本无法实施舰炮火力支援。直到几小时后，后续部队将81毫米迫击炮送上岸，并召唤飞机提供航空火力支援，这才逐步开始向纵深推进。但日军仍然凭借在山洞中的工事顽强抗击，美军只得组织爆破小组从日军火力死角冲上山顶，再居高临下将炸药和手雷扔进山洞，这才最终将其消灭。由于这三岛战斗非常激烈，为尽快解决战斗，范德格里夫特将预备队全部投入作战，黄昏时分日军残部退守山谷，当天夜里，美军接连组织4次攻击，将其大部歼灭。直到8日黄昏才肃清残敌占领这3岛。在两天的激战中，日军除了23人被俘外，全部战死，无一投降，初次让美军领教了武士道精神。

五、大局已定

在瓜岛的地面作战中，美军参战兵力最多时达到6万人，阵亡1592人，负伤4200余人。日军投入瓜岛的陆军兵力约3.6万人，战斗中阵亡约1.4万人，因伤病致死或下落不明的有9000余人，合计死亡近2.38万人，还有1000余人被俘。为争夺瓜岛制空权而进行的空战中，美军仅驻瓜岛的“仙人掌航空队”海军陆战队航空兵先后就有六个战斗机中队参战，涌现出十大著名的王牌飞行员，尤其第121战斗机中队的福斯上尉，在1942年8月至1943年1月间共击落日机26架，成为二战中美军战斗机飞行员第一个达到第一次世界大战美军头号王牌瑞肯巴克的战绩，荣获国会勋章，并回到美国本土巡回演讲。他击落26架飞机的战绩在所有海军陆战队航空兵战斗机飞行员中排名第二。在六个月的空战中，日机被击落427架，美军损失仅118架；加上被高射炮火击落的，日军共损失飞机892架，飞行员2362人；美军共损失飞机约250架。在这场旷日持久的战役中，美军共阵亡约5000人，伤6700人，损失军舰24

艘、运输船3艘、飞机约250架。日军共有约5万人丧生，损失军舰24艘、运输船16艘、飞机892架（也有资料说600架）。

日军不仅海军、航空兵损失惨重，甚至开战以来从未失利的陆军最精锐的第2师团等部也蒙受了巨大损失，特别是日军的大型军舰、飞机和技术熟练训练有素的飞行员的损失，更是日军所难以弥补的。战役结束时日军兵力上的优势已荡然无存，双方的战略态势也随之改变。中途岛海战日军的失败是二战中太平洋战场的转折，战局开始向着不利于日本而有利于美国方面发展，日军战略主动权逐步丧失；而瓜岛战役，日军不仅没有实现重新夺回战略主动的作战企图，反而使其军事实力进一步受到削弱，最终完全丧失了战略主动权，陷入了被动的局面。从此，日军不得不从战略进攻转为战略防御，处处设防，步步被动，直至战败。而美国则通过瓜岛战役，逐步改善了不利的战略态势，赢得了动员人力、物力的时间，为太平洋战场上即将开始的战略进攻创造了有利条件。

16 "沙狐"覆灭

——阿拉曼会战

◇……………

在一个平静而晴朗的月圆之夜，"轻足行动"以882门炮连续五个半小时的炮击拉开了序幕，在炮击结束时每门炮都已经发射了大约600发炮弹。在那段时间里，一共有125吨炮弹落到了敌人阵地上。关于这次炮击有这样一种传说，就是说盟军炮手的耳朵被炮击时那震耳欲聋的声音震出了血。

一、战役背景

阿拉曼位于埃及北部，是第二次世界大战北非地区的主战场。1940年7月，意大利乘英、法在西欧失败之机从埃塞俄比亚进犯东非英军。1941年1月，英军对意军发动进攻，收复了东非的失地，并在北非重创意军，俘敌13万人。2月，德国隆美尔将军率德国非洲军团进入北非地区增援意大利军队。在德意联军的攻势下，英军开始从利比亚败退。1942 年 7 月，德意联军自利比亚突入埃及，进抵距开罗只有 350 千米的阿拉曼地区。但由于盟军控制了地中海的制空、制海权，驻北非德军因兵力及装备补给不足而无力继续向前推进，被迫转入战略防御。

与此同时，英国在美国的支援下不断加强其在北非的军事力量，积极备战。经过周密的准备，英军第 8 集团军司令蒙哥马利决定于 10 月下旬发动代号为“捷足”的反攻。1942 年 10 月，德、意军队在北非共驻军 12 个师，10 万余人。他们防守在阿拉曼西南从地中海沿岸至卡塔拉盆地之间的地带。而英军此时在北非已拥有 11 个师和 4 个独立旅，总兵力达 23 万。

1942 年 6 月，蒙哥马利中将接任英国第 8 集团军司令后，力主以进攻将德、意军队赶出北非。战役发起前，英国第 8 集团军（19.5 万人）在阿拉曼地区由北向南展开，企图以主力在战线北段实施主要突击，首先由第 30 军突破对方防线，随后由第 10 军实施纵深突击，歼灭德、意军主力于滨海地区；由第 13 军在战线南段实施辅助突击。德、意军（10 万余人）企图依托支撑点式环形防

地中海之战的结局（1942 年）— 阿拉曼之战

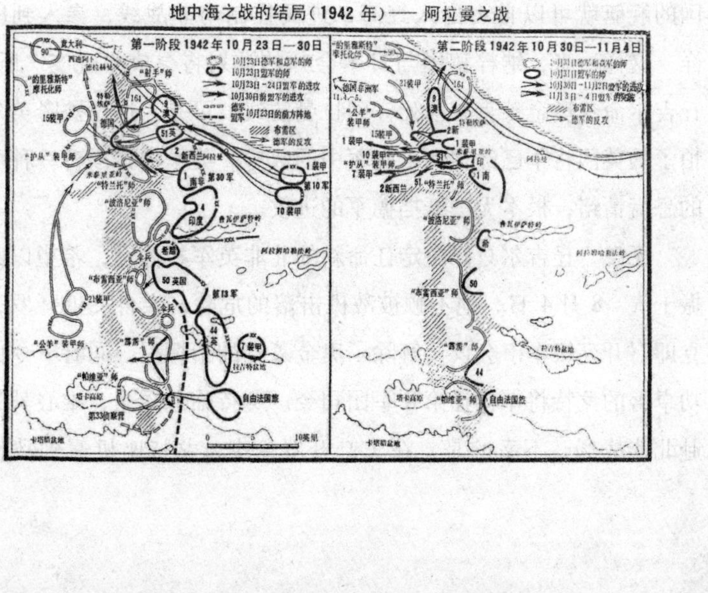

御与大面积布雷相结合的坚固防线，阻滞和粉碎英军进攻。

1942年7月，包括了非洲军团，意大利与德国的步兵与机械化部队在内的非洲装甲军团，在埃尔温·隆美尔将军的率领下已经深入埃及，威胁着英联邦军队的重要的跨苏伊士运河补给线。在己方的补给线拉得太长且缺乏支援，而盟军的大批援军即将到来的情况下，隆美尔决定向盟军发起进攻，尽管当时他的部队还没有集结完毕。1942年8月30日，进攻阿拉穆·哈尔发的德军被打败，于是非洲军团开始准备迎击蒙哥马利派来反击的部队。经过六个多星期的集结后，第8集团军已经做好了出击的准备。蒙哥马利指挥着20万人和1000辆坦克去攻击非洲军团的10万人和500辆坦克。

二、临危受命

1942年6月，“沙漠之狐”隆美尔遵照德国元首希特勒的命令，对驻守北非的英军发起了猛烈进攻。英国将军奥金莱克率领的英国第8军团节节败退。7月初，德军已逼近距亚历山大港仅160千米的阿拉曼防线。英国首相丘吉尔坐不住了。他心里很清楚，如果德军突破阿拉曼防线，冲入埃及，占据苏伊士运河，意大利和德国的舰艇就可以自由出入红海，进而控制南非战线，渗入到印度洋。这样一来，纳粹德国与日本会师的计划将会成为现实。所以，丘吉尔命令奥金莱克必须死守阿拉曼防线。可是，这位被隆美尔打怕了的英国将军已经丧失了在军中的威望。英军中弥漫着一种可怕的恐慌情绪，根本无法抵挡德军的进攻。

无奈，丘吉尔只好决定任命新的北非英军指挥官，希望以此重振士气。8月4日，他不顾被敌机击落的危险，亲自飞抵开罗，并立即召开高级军事会议，解除了奥金莱克的指挥权，同时下令由战功卓著的戈特将军接任第8军团司令。戈特临危受命，雄心勃勃赶赴北非战场。不幸的是，在飞赴开罗途中，戈特座机遭到敌机拦截，折戟地中海，机毁人亡。丘吉尔不得不重新选择一位能够与隆美尔抗衡的指挥官。为此，丘吉尔伤透了脑筋，因为他深知隆美尔是怎样一个对手，如果选择失当，北非英军将会全军覆没。经过反复权衡，丘吉尔的目光投向了在一战中开始崭露头角的陆军中将蒙哥马利。就这样，由于戈特意外丧命，蒙哥马利被任命为阿拉曼战役的指挥官。正是凭借此战，蒙哥马利开始了他最为辉煌的军事生涯。

8月15日拂晓前，踌躇满志的蒙哥马利来到了阿拉曼前线，但混乱的部队和低落的士气使他开始意识到自己担负的是一副什么样的重担。不过，蒙哥马利并没有气馁。他决心首先鼓舞部队的斗志。当晚，他召集英军高级军官和作战参谋训话：“我不喜欢这儿的气氛。这是一种怀疑的气氛，是对击败隆美尔失去信心的气氛……我决不后退。我将在此战斗。我打算在阿拉曼献身。”蒙哥马利的话传开后，英军将士的悲观情绪开始好转。紧接着，蒙哥马利又深入到部队，利用他出众的口才，站在吉普车或坦克顶上演讲大英帝国的光荣历史，宣扬皇家军人的献身精神，表示要与隆美尔决一死战。在他的精神鼓舞下，英军士气迅速好转。但隆美尔显然还没有意识到英军正在发生的变化，他指望一鼓作气突破阿拉曼防线。

8月31日，隆美尔调集200辆坦克，向阿拉姆哈勒法一带的英军防线发动猛烈攻击。殊不知，蒙哥马利早已料定隆美尔将会在这里发动进攻，并做好了充分的迎战准备。等到德军坦克攻上来后，蒙哥马利组织英国皇家空军对这些坦克展开狂轰滥炸。看见敌军坦克一辆辆被炸毁，战壕里的英军士兵信心大增，终于以密集的火力成功击退了德军狂涛般的进攻。经过一周鏖战，德军伤亡惨重。隆美尔被迫停止进攻。这对骄横的“沙漠之狐”来说，无疑是一个沉重的打击。他感到自己遇到了真正的对手，不得不对蒙哥马利另眼相看。

三、形势僵持

尽管德军被迫停止进攻，但要彻底击败富有沙漠作战经验的隆美尔，对蒙哥马利来说绝不是一件轻松的事。他认真研究隆美尔的作战特点，发现隆美尔把德军的装甲力量几乎全部集中到了北面通道的正面。针对敌人的兵力部署，蒙哥马利制订了一个非常大胆的行动计划：在南面实施佯攻，在北面实施主攻，争取一举歼灭德军主力。为了能让精明的隆美尔相信英军要从南面发动进攻，蒙哥马利组织了一支专门用来欺骗的A部队，其成员有银行家、药剂师、魔术师、剧作家、艺术家、情报人员和大学讲师。尽管这支部队人员构成复杂，但却具有惊人的伪装欺骗能力。A部队在南面制作了大量的模拟坦克、火炮和军用物资，故意暴露给德军的情报人员侦察和拍照。为了让“演出”更逼真，A部队铺设了一条长达30千米的模拟输油管，还专门修筑了一条与输油管平行的模拟铁路，并在沿途建立了供水站。尽管隆美尔已经预料到英军极有可能从北面发起进攻，但接到情报人员的汇报后，他不得不更加关注南面的动向，始终不敢下定决心把兵力集中到北面的对决中，这样一来，就落入了蒙哥马利设下的圈套，使英军在兵力特别是坦克数量对比上，占到绝对优势。

10月23日晚，蒙哥马利下令英军从南北两面同时发起猛烈进攻。北面英军凭借优势兵力很快打开了一个缺口，并乘胜进攻。惊慌失措的德军前线代理总司令乔治·施登姆差点被英军擒获，在逃跑途中心脏病发作身亡。10月25日，正在德国休假的隆美尔接到报告后火速返回阿拉曼前线，并立即组织兵力全力防守。但看到本就不多的德军坦克一辆辆少下去，德军士气又严重受挫，隆美尔似乎已经感到了失败的命运。不过，“沙漠之狐”是不会轻易认输的。他孤注一掷，调集一部分南面部队投入到北面。战场形势一时僵持下来。

四、一决雌雄

看到战局一时僵持不下，蒙哥马利果断采取了新的作战行动。10月30日，英军从已经打开的缺口沿海向北发起进攻，一直打到地中海边。此时，德军只剩下90辆坦克，而英军还有800多辆坦克。隆美尔已经没有实力同蒙哥马利拼消耗，只能把有限的力量集中到北面，企图死守。当德军全力照顾北面的时候，蒙哥马利又在南面发起了攻击。隆美尔顿时陷入首尾难顾的窘境。面对日益恶化的战场局势，隆美尔决定殊死一搏。11月1日，隆美尔集中了所剩不多的坦克和装甲车，向英军发起了疯狂的反扑，引发了阿拉曼战役中最为残酷的一场沙漠坦克大战。聪明的蒙哥马利急调英国皇家空军助战，给德军以沉重杀伤，打退了德军的反扑。为了不给隆美尔喘息之机，11月2日，蒙哥马利组织指挥120多辆坦克，对德军的最后一道反坦克阵地发动猛烈进攻。在损失114辆坦克后，英军终于将德军的反坦克阵地彻底摧毁。这样一来，英军就为发动全面进攻开辟了通道。经此一搏，隆美尔只剩下30辆坦克了，而蒙哥马利手上却仍握有600辆坦克的强大攻击力量。隆美尔彻底失望了，他在写给妻子露西的信中写道：“形势对我们越来越不利，敌军以强大的兵力正一步步粉碎着我们的阵地。这意味着我们末日的来临。”为避免全军覆灭，隆美尔决定将残兵败将撤退至阿拉曼以西 96 千米的富卡防线。

就在隆美尔开始策划后撤的时候，11 月 3 日，他接到了希特勒要他不惜一切代价死守、绝不能后退的命令。为避免受到希特勒的严厉制裁，隆美尔只好暂时放弃了后撤计划，传达命令坚守阿拉曼，指望能够出现奇迹。

不过，隆美尔很快就失望了。就在他的命令传达不久，就有报告说，非洲军司令冯·托马将军正率领部队向西撤退。隆美尔长长地叹了口气，没有吱声。依着他的脾气，以前是无论如何不会放过这种公然抗命的行为的，但这次他默认了。11 月 4 日，英军以前所未有的速度纵深推进了 8 千米，控制了整个阿拉曼北部地区，眼看就要完成对德军的包围。犹豫不决的隆美尔再也顾不上元首的命令了，终于下定决心撤退。为了尽可能隐瞒这次撤退行动，隆美尔在当时发给罗马的电报中，只字未敢提及。接到撤退命令后，早就想逃命的德国官兵争先恐后挤进各种运输车辆，向西逃窜。蒙哥马利指挥英军一路穷追猛打，给德军重大打击。由于担心隆美尔惯用的

"回马枪"，蒙哥马利行动十分谨慎，最终非常可惜，没能完成对德军的包围。11 月 6 日，天降大雨，道路泥泞不堪，英军大量坦克和装甲车顿时陷入泥潭。隆美尔见状命令德军扔掉武器装备，得以轻装逃脱。11 月 7 日，蒙哥马利下令停止追击。至此，阿拉曼战役以英国的最后胜利而告终。

消息传到伦敦，举国欢腾。首相丘吉尔为自己当初选择了蒙哥马利而骄傲不已。他下令敲响了自德国袭击英国以来从未敲响的教堂钟声，让全英国人都记住这个伟大的日子。

五、战斗结果

1942 年 11 月 7 日，蒙哥马利下令停止追击，阿拉曼战役宣告结束，英军取得了胜利。德军 4 个精锐师、8 个意军师被歼，伤亡两万，被俘 3 万，损失坦克 450 辆、大炮数千门。英军也付出沉重代价，伤亡 1.35 万，损失坦克 500 辆、大炮 400 门。此次战役，英军以其海空优势封锁和破坏对方后勤补给线，使德军难于在沙漠地区机动兵力和持久作战。英军根据地形、敌情，及时改变部署，集中优势兵力，实施正面进攻，以德、意步兵阵地和有生力量为打击重点，使德军坦克部队因缺乏步兵支援难以固守阵地，只得退却。德军则利用沙漠草原地带布雷迅速的特点，广泛设置雷区，依托高地进行防守，以近战火力重创英军（杀伤英军 1.3 万人，击毁坦克 500 辆），对阻止英军集群坦克进攻起了很大作用。但由于德意联军兵力、兵器、油料、弹药、粮食和饮水都得不到补充，终于被英军击败。

阿拉曼战役，英军歼敌 5.5 万人，击毁坦克装甲车 350 辆。但因英军冲击不果敢，行动迟缓，未能全歼德意联军。尽管如此，此役仍是第二次世界大战非洲战场的转折点，使北非战场出现了有利于盟军的态势。从此，战争主动权落入英军手中。

直到突尼斯战役之后，隆美尔才失去了在北非战场取胜的全部希望。即使这样，阿拉曼战役还是盟军的辉煌胜利，也是一次决定性的战役。到了1943年5月，所有轴心国部队均被逐出了非洲战场，盟军也开始将注意力集中在了地中海。

第二次阿拉曼战役，是第二次世界大战中北非战场的转折点。这次战役从1942年10月23日一直持续到1942年11月3日。在轴心国于第一次阿拉曼战役取得胜利之后，伯纳德·劳·蒙哥马利将军于1942年8月取代了克劳德·奥金莱克，成为由英联邦士兵组成的英国第8集团军的总指挥官。这次战役的胜利扭转了北非战场的形势。盟军在阿拉曼的胜利使纳粹德国占领埃及、控制苏伊士运河和中东油田的希望破灭了。这次战役结束了非洲军团的攻势，此场战役后轴心国于北非战场转入战略撤退运作。

10月23日夜，英军向德、意军阵地南北两翼发起进攻。25日，英军在战线北部突破敌军防御阵地。28日，英军调集主力在北部战线继续猛攻，迫使南线德军增援。德军北上增援后，英军立即集中兵力于11月2日凌晨在南线发动代号为“增压”的战斗，攻击德、意军结合部，并突破敌方防区，向西挺进。11月4日，隆美尔在战局不利的情况下命令向西撤退，4个师的意大利军队随即向英军投降。

至此，阿拉曼战役以英军的胜利宣告结束。在这场战役中，双方都付出了巨大的代价。英军阵亡将士达7000多人，而德、意军伤亡及被俘人数近6万。

阿拉曼战役是北非战局的转折点。此后，德、意法西斯军队开始在北非地区节节败退，直至1943年5月被完全逐出非洲。

17 非洲军团的末日
——突尼斯会战

1942 年 7 月，英、美首脑决定实施进攻北非的“火炬”行动计划，并任命艾森豪威尔将军为“火炬”行动的盟国远征军总司令。经过两年零 8 个月的拉锯战，1943 年 5 月 13 日，德军和意大利军队相继向盟军投降，“突尼斯会战”结束。这场战役的胜利，使地中海航道从此对盟军畅通，为下一步通过西西里岛重返欧洲创造了条件。

一、“火炬”照北非

1942 年 7 月，英、美首脑决定实施进攻北非的“火炬”行动计划，并任命艾森豪威尔将军为“火炬”行动的盟国远征军总司令。9 月下旬，美、英两国参谋长联席会议在伦敦确定了实施“火炬”作战计划的细节，决定两国军队于 11 月 8 日在法属北非的阿尔及尔、奥兰和卡萨布兰卡实施登陆，占领沿海主要港口，然后由阿尔及尔登陆部队向东抢占突尼斯，再待机与北非的英军协同作战，消灭在北非的德、意部队。

参加“火炬”作战的美、英军队共 13 个师，分别编成西部、中部和东部三个特遣队。西部特遣队由美军巴顿少将指挥，从美国本土出发，横渡大西洋，在摩洛哥的卡萨布兰卡登陆；中部特遣队和东部特遣队分别由美军弗雷登道尔少将和赖德少将指挥，从英国出发，在阿尔及利亚的奥兰和阿尔及尔实施登陆。

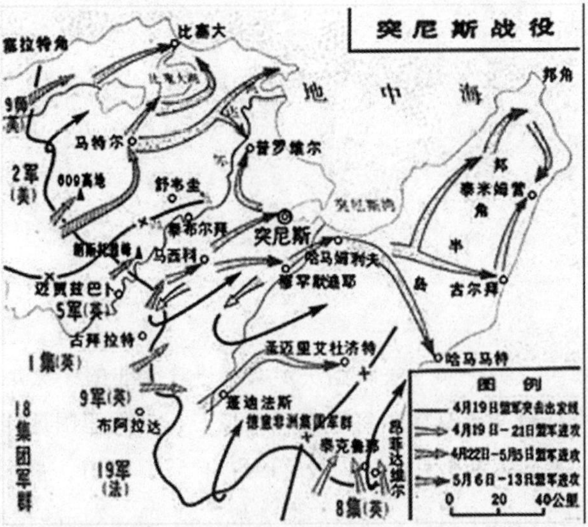

1942 年 11 月 8 日，10 余万美英联军分乘 664 艘军舰和运输船分别在阿尔及尔、奥兰和卡萨布兰卡登陆。联军仅仅受到了法国人的轻微抵抗，11 月 11 日，正在北非视察的法军总司令、海军上将达尔朗宣布脱离维希政府，命令法军停火，并加入了联军。盟军登陆成功后，英第 1 集团军和美第 2 军随即向东推进，以攻占突尼斯城和比塞大港。

希特勒对盟军的登陆行动虽然毫无准备，但他迅速就作出了反应。他命令占领维希法国，同时用运输机将部队源源不断地运往突尼斯。10 月 10 日，德军抢占了突尼斯。1942 年 12 月 9 日，希特勒将在突尼斯的德、意部队编为第 5 装甲集团军，并任命阿尼姆上将为司令。通过不断的增援，第 5 集团军逐渐扩大到辖德军两个装甲师、一个摩托化步兵师、两个步兵师及 3 个意大利步兵师的规模。阿尼姆在突尼斯的北部山地建立了一条防线，并逐渐向南推进，以对抗英第 1 集团军和美第 2 军的推进。

二、隆美尔的离别之战

12 月 26 日，在阿拉曼会战中失利的隆美尔率非洲装甲集团军的 7.8 万人（其中德军 3 万人）和 130 多辆坦克撤退到利比亚与突尼斯南部交界的马雷特防线，靠近了阿尼姆的部队。希特勒命令隆美尔在巩固了新阵地之后，即回国治病。他的非洲装甲集团军也将更名为意大利第 1 集团军，由意大利的梅塞元帅任司令。

1943 年 1 月 14 日，英、美首脑在卡萨布兰卡会晤，决定在北非战场设立战区，由美国的艾森豪威尔将军任总司令，英国的亚历山大将军为副总司令。北非盟军整编为第 18 集团军群，下辖安德森指挥的英第 1 集团军、蒙哥马利指挥的英第 8 集团军、弗雷登道尔指挥的美第 2 军和部分法军。亚历山大任集团军群司令，统一指挥盟军在北非的全部地面部队。

隆美尔在离任前，已敏锐地察觉到出现新的战斗机会。当时位于隆美尔部队正面的英第 8 集团军尚未对马雷特防线构成威胁，蒙哥马利在攻占的黎波里后，就忙于重开的黎波里港，要发动一场新的攻势还需准备一段时间。而位于西面的安德森指挥的英第 1 集团军和弗雷登道尔指挥的美第 2 军却威胁着他的后方。隆美尔决心利用位于两股敌军之间的中心地位，先以背面包抄奇袭方式击溃他后面的盟军，然后调头对付蒙哥马利。这是一个出色的计划，但在实施时却遇到困难，德第5装甲集团军不归隆美尔指挥，而隆美尔与阿尼姆的配合又不协调。

三、主攻地点

隆美尔的进攻计划被盟军破获，但他们却搞错了德军的主攻地点，艾森豪威尔的司令部和英第1集团军司令部都认为敌军的进攻地点是在丰杜克附近。为此，盟军在丰杜克后面部署了重兵。

1943年2月14日，德、意军发起了代号为“春风”行动的进攻。北面阿尼姆的第5集团军从弗德山口向美第2军阵地发起主攻，德第10、第21装甲师两面夹击，重创美第1装甲师，攻占了锡迪布齐德。15日，南面隆美尔部队也攻占了加夫萨，向费里亚纳进逼。17日，隆美尔进占了费里亚纳。

隆美尔计划从费里亚纳挥戈西北，向阿尔及利亚的特贝萨挺进，以切断英、美盟军的交通线，从而把战术性胜利发展为战略性胜利。不过，他虽然得到了在罗马的德南线总司令凯塞林的支持，却得不到阿尼姆的合作，阿尼姆控制了装甲部队。

经过妥协，隆美尔虽然获得了第10、第21装甲师的指挥权，但却不得不首先进攻东北面的勒凯夫。这样，隆美尔面对的是英美盟军的正面而不是背后。隆美尔不由得火冒三丈。在他看来，这意味着“离敌人战线近得不能再近，势必使我们去攻打强大的敌人后备军。”

2月19日凌晨2时30分，隆美尔开始向勒凯夫方向攻击前进。2月20日，隆美尔攻占了卡塞林隘口，接着向勒凯夫南面的塔拉推进。但隆美尔没能攻下塔拉，他的攻势被盟军的增援兵力阻止了。到2月22日，隆美尔停止了攻击，下令部队撤退。隆美尔的进攻作为一次“目标有限”的出击，可说是战果辉煌。但他未能实现迫使盟军撤出突尼斯的战略目标，尽管这一目标似乎十分接近了。

英国军事理论家利德尔·哈特说："如果隆美尔从一开始就主持这次战役而不受牵制就进攻特贝萨的话，这样一个目标也许有可能实现的。如果能迅速夺取拥有大量补给储备的美军那个基地和中心机场，那会使盟国部队不再可能守住他们在突尼斯的阵地。"

隆美尔的进攻使美军遭受了重大损失。美第 2 军 3 万人中有 3000 人阵亡，4000 人被俘，260 辆坦克被毁或被缴获，这是美军在北非战场上遭到的最严重失败。蒙羞受辱的艾森豪威尔撤换了弗雷登道尔，任命勇猛善战的巴顿少将出任美第 2 军军长。巴顿（"渴望对手"）早就渴望能与隆美尔交手，他说："对他的书我不知读了多少遍，研究了他的每一个战役，自认对他了如指掌。我平生的愿望就是与他捉对厮杀。"

2 月 23 日，希特勒任命隆美尔为新组建的非洲装甲集团军群司令，统一指挥阿尼姆的第 5 装甲集团军和梅塞的意大利第 1 集团军（原隆美尔的非洲装甲集团军）。隆美尔获得新权力后，决定不等蒙哥马利来攻，即抢先向他发动攻击。然而，蒙哥马利从密码破译机获得的情报中掌握了隆美尔这次进攻的方向和确切时间，遂从海岸把大炮和部队调到隆美尔选择为突破口的南部地带，集结了将近 4 个师的兵力、400 辆坦克、350 门大炮和 470 门反坦克炮于梅德宁附近，建立了一道严密的防线。

四、进攻梅德宁

3 月 6 日凌晨，隆美尔以 3 个半装甲师的 160 辆坦克（比 1 个装甲师本应拥有的还要少），在 200 门大炮和一万名步兵的支持下，向梅德宁发起进攻。上午 8 时，当德军装甲部队推进到离梅德宁约 15 千米的一座山脊上时，遭到蒙哥马利部署的近 500 门反坦克炮的猛烈轰击。到中午时分，德军装甲部队仍无力向前突破。英军俘虏和侦察营缴获的文件证实，蒙哥马利事先就对隆美尔的行动计划的每一细节了如指掌。下午5时，隆美尔下令取消了这次进攻。160辆坦克损失了50辆。他哀叹说："从一开始，我们就没能使敌人措手不及，所以这次行动就失去了它本身的意义。"

蒙哥马利向马雷特防线缓慢逼近，盟军控制了制空和制海权，德、意部队缺乏补给和增援兵力。隆美尔清楚地意识到自己的部队已濒于绝境，继续留在突尼斯等于自杀，他向希特勒提出了撤兵返回欧洲的计划，但被希特勒拒绝。3月9日，隆美尔心灰意冷地告病回国休假，永远离开了北非，阿尼姆接过了指挥权。一心想与隆美尔较量的巴顿闻讯，大失所望。

五、最后决战

3月20日，蒙哥马利指挥英第8集团军进攻马雷特防线，巴顿指挥的美第2军也于3天前从西南进攻马雷特防线的后方。3月26日，梅塞被迫率意大利第1集团军从马雷特防线向北撤退。4月6日，蒙哥马利突破加贝斯隘口，并于4月8日与从加夫萨东进的巴顿会师。4 月 10 日，英第 8 集团军又占领了斯法克斯。到 4 月中旬，盟军完成了对德、意军的合围。隆美尔的继任阿尼姆率非洲装甲集团群共 14 个师 20 多万人退守突尼斯北部，他的 3 个装甲师仅剩下 120 余辆坦克，作战物资异常匮乏，没有补给。而亚历山大的第 18 集团军群共有 20 个师 30 万人的部队，拥有 1400 辆坦克和 1000 多门火炮。制空和制海权也掌握在盟军手中。

4 月 16 日，亚历山大下达了代号为“铁匠”的总攻令，要求部队沿整个弧形战线强攻退守的德、意部队。安德森的英第 1 集团军担任主攻，突入敌军的中央防线，直取突尼斯城；蒙哥马利的英第 8 集团军在南面，对敌军左翼发动攻击；布莱德雷的美第 2 军在北面，打击敌军右翼，以夺取比塞大港为目标；法第 19 军在蒙哥马利左侧和安德森右侧伺机参加攻击而扩大战果。

4 月 19 日 21 时 30 分，蒙哥马利首先在南面发动攻击。4 月 22 日，安德森指挥英第 1 集团军在中央战线发起主攻，阿尼姆集中其装甲兵力的大部分来进行激烈抵抗，英第 1 集团军进展缓慢。亚历山大遂从蒙哥马利那里调来第 7 装甲师、第 4 印度步兵师和 201 警卫旅给安德森，以增强英第 1 集团军的打击兵力。5 月 6 日，在 400 门火炮和战术空军的支援下，英第 1 集团军全力猛攻，德、意部队终于招架不住，向后溃退。同时，在美第 2 军的不断压迫下，在北面的德、意军防线也开始向内凹入。5 月 7 日，安德森指挥的英第 1 集团军攻入了突尼斯城，接着不久，布莱德雷指挥的美第 2 军也攻占了比塞大港。以后的情形，英国人莫尔希德在其《非洲的末日》中说：“德国人已经完全吓慌了，当他们看到英国人的坦克扬长而过，简直感到手足无措。德军将领已经无法下达命令，因为他已经与其部下丧失了联系。在恐惧之中，德军纷纷奔向滩头，但他们发现既无船只，又无飞机，于是军队就完全崩溃了。”

5月13日，阿尼姆上将和梅塞元帅相继向盟军投降，约10万德军、15万意军被俘，只有633人从海上逃走。突尼斯会战以盟军的胜利而结束了。

经过两年零8个月的拉锯战，北非战争至此终告结束。盟军在北非的胜利，使地中海航道从此畅通，为下一步通过西西里岛重返欧洲创造了条件。

18 铁甲搏杀

——库尔斯克会战

◇ ………………

库尔斯克会战是第二次世界大战的东线战场上德国与苏联于库尔斯克爆发的一场会战，双方共投入了超过250万名士兵和6000多辆坦克，是史上规模最大的坦克会战之一。库尔斯克会战也是德军最后一次对苏联发动的战略性进攻，欲从南北两端向中央夹击，合围歼灭中央突出部的苏军，重夺战略主动权。但由于苏军已做好严密防务和驻守数量极为庞大的兵力，德军进攻步调缓慢且损失惨重，最后因为南线战场意大利被盟军登陆了西西里岛，不得不抽调兵力防卫意大利而被迫撤退。此次战役后，苏军发动一连串巨型攻势，歼灭德军大批有生力量且将其赶出俄国领土，德军再也无法对苏军产生威胁。

一、战前形势

1943 年年初，苏军在斯大林格勒战役中取得了决定性胜利后，乘胜进攻，收复大量失地，但德军在溃败的同时，南方集团军群司令曼施泰因元帅也开始计划向苏军反扑。他主动放弃了一些重要据点，诱使苏军深入，苏军在不断进攻中，战线越拉越长，而德军却趁机完成了兵力的集结。2 月 19 日，曼施泰因指挥刚组建的南方集团军群向顿涅茨河和第聂伯河之间的苏联西南方面军发起反击，至 3 月 2 日，西南方面军遭到了重创，其第 5 集团军遭到了毁灭。3 月 6 日，德军开始向哈尔科夫进攻，3 月 14 日，苏军被迫放弃一个月前刚刚攻占的哈尔科夫，后撤至库尔斯克南面的奥博扬地区。为防止战线的彻底崩溃，苏联最高统帅部把第 1 坦克集团军从列宁格勒南调，此外第 21、第 64 集团军也被从斯大林格勒调至这些方向，此后，战线趋于稳定。

曼施泰因的这次反击造成的一个后果就是以库尔斯克为中心的突出部的形成。在其北部，德国中央集团军群控制了奥廖尔一带。在其南面，曼施泰因的南方集团军群控制了别尔哥罗德地区。在突出部内的是苏联中央方面军和沃罗涅日方面军。苏德双方在此形成僵持，一场规模宏大的战役即将展开。

库尔斯克突出部犹如一个拳头从苏军的战线中延伸出来，其正面长约 402 千米，而底部却不到 113 千米。曼施泰因计划通过一次南北两翼协调的钳形攻击，合围并歼灭整个突出部内的苏军重兵集团。这次战役的成功将缩短德军的战线，使德军部队的机动性大大增加。曼施泰因的计划得到了德国中央集团军群司令克鲁格元帅和陆军总部参谋长蔡茨勒上将的支持，但也遭到第 9 集团军司令莫德尔上将和装甲兵总监古德里安上将的反对。反对是有理由的，1943 年春，德国在东线坦克损失巨大，而且作为主力的 3 号、4 号坦克已被证明不是苏联T34坦克的对手，而新一代5号豹式坦克和6号虎式坦克，月产量分别只有50辆和25辆，数量上与苏军相比明显处于劣势。古德里安认为对库尔斯克的进攻将使坦克遭受很大损失，他的改编装甲兵的计划也将破产。希特勒对此也犹豫不决。

在5月份的一次讨论计划的会议上，第9集团军司令莫德尔上将带来了一叠航空照片，这些照片显示了苏军在德军计划的进攻路线上，已经构筑了大量的防御工事。莫德尔认为进攻的最佳时机已经失去了，苏军已经恢复了元气，“堡垒”计划应该放弃。希特勒再次显示出犹豫，但在克鲁格、蔡茨勒和曼施泰因等的坚持下以及对于“闪电战”的自信，“堡垒”作战最终被确定在7月5日发动。

二、精心准备

当希特勒和他的将军们为“堡垒”计划争吵不休的时候，苏军也在计划下一步的行动。沃罗涅日方面军司令瓦图京大将主张发动一场先发制人的进攻，以打乱德军的进攻准备并夺回在哈尔科夫战役中失去的战略主动权，斯大林本人也倾向于这一方案，而朱可夫、华西列夫斯基等则认为苏军应先保持防御状态，以坚强的防御消耗掉德军进攻能量，摧毁其装甲兵力，然后再发动反攻。此时，根据前线的侦察和间谍情报都预示德军将对库尔斯克突出部的苏军展开大规模进攻，在4月12日的一次会议上，斯大林最终被说服，采纳了朱可夫的计划。于是苏军开始在库尔斯克转入了积极的防御准备。

库尔斯克会战在即，苏军精心地设计他们的防御，构筑了数道防线，防御纵深超过160千米，整个防御体系由大量互相紧密配合的战壕、铁丝网、反坦克火力点和反坦克沟壕以及雷区组成，在德军最可能的进攻方向上，聚集了大量的兵力和火力。

在库尔斯克突出部北部，正对着德中央集团军群方向的是罗科索夫斯基的中央方面军，包括第70、第13、第48、第60、第65集团军以及第2坦克集团军，总兵力达71.1万人，1.1万门大炮和迫击炮，1785辆坦克和自行火炮。由于苏军认为强大的德中央集团军群会担当此次德军的主攻，苏军在这个方向的力量也是最强的，朱可夫元帅也亲自在此坐镇指挥。

1943年7月5日，库尔斯克战役开始。在库尔斯克突出部南部，面对德南方集团军群的是瓦图京的沃罗涅日方面军，下辖第6、第7近卫集团军，第40、第38、第69集团军，第1坦克集团军以及步兵第35军，总兵力为62.5万人、8718门大炮和迫击炮，1704辆坦克和自行火炮。

在中央方面军和沃罗涅日方面军的后方是科涅夫的草原方面军，它的任务是当前方两个方面军形势吃紧时，向它们提供增援，一旦库尔斯克防线被德军突破，它将成为最后一道防线，而当苏军转入反攻时，它将提供新鲜的兵力。该方面军辖近卫第4、第5、第27、第47、第53集团军，近卫第5坦克集团军，近卫第3、第5、第7骑兵军，近卫第4坦克军，近卫第1、第3机械化军，总兵力为57.3万人，8510门大炮和迫击炮，1639辆坦克和自行火炮。

三、猛烈反攻

就苏军本次战役战备而言，库尔斯克战役比以往任何一次大规模反攻战役的准备都好。在莫斯科会战时，苏军只有17个兵力不多的诸兵种合成集团军参加，没有坦克集团军；在斯大林格勒战役时，参战部队增加到14个诸兵种合成集团军，一个坦克集团军和几个坦克军；而在库尔斯克战役时，共有22个强大的诸兵种合成集团军，5个坦克集团军和6个空军集团军以及大量远程航空兵部队参加。苏军三个方面军对德国第9和第2集团军、第4装甲集团军和肯普夫集群在兵力上占2.4比1的优势，在坦克上占1.9比1的优势，防御纵深达250千米至300千米，另外还可以得到空军第1、第2、第5、第15、第16、第17集团军共约2900架飞机的支援。在兵力构成上，炮兵团首次超过了步兵团，比例为1.5:1，在威胁最大的中央方面军第13集团军的正面，每1.6千米防御正面可以得到148门火炮支援，远远超过了德军为发动进攻而拼凑的数目。此外，索科罗夫斯基的西方方面军、波波夫的布良斯克方面军以及西南方面军的第57集团军和第2坦克军也被部署到了库尔斯克地区，以应付随时可能出现的复杂局面。

在军工方面，到了1943年，搬迁到远东的苏联军火工业终于开始达到并超过战前水平，同时英、美等西方国家的援助也开始大量抵达。

一个个被认为德军可能发动进攻的日子都平安地渡过了，两个月来前线显得十分平静，时间到了7月，瓦图京上书斯大林，认为苏军应该率先展开攻势，因为苏军所做的准备都是为了夏季的德军攻势而准备的，如果到了秋天苏军的工事就将失去作用。于是苏军统帅部下令抓住一个德军俘虏，之后在7月4日夜，在突出部南部的苏联近卫第 6 集团军捕获了德军第 168 步兵师的一个士兵，他供认德军即将在第二天开始进攻，7 月 5 日凌晨，在突出部北部的苏第 13 集团军俘虏了一个德军第 6 步兵师的中士，他也供认德军将在几小时之后发动进攻。为了打乱德军进攻步骤，朱可夫于 5 日 2 时 20 分下达向德军阵地实施炮火反准备的命令，库尔斯克会战的序幕由此拉开。

四、措手不及

苏军的炮击完全出乎德军的意料，造成很大损失，虽然比原计划推迟了 3 个小时。而德南方集团军群的第 4 装甲集团军根据预定计划发动进攻，在损失 36 辆坦克后，德军艰难地越过了苏军的反坦克雷区，猛攻苏第 67 近卫步兵师的防线。面对德军 3 个师的进攻，苏第 67 近卫步兵师受重伤的苏军战士仍在鼓励战友以进攻抵挡被迫后退，瓦图京于是把方面军预备队调了过来，以期能把德军挡在第二道防线外。但不幸的是德军还是于 6 日在苏军第二道防线上打开了一道缺口，并强渡了佩纳河。

莫德尔为了把苏军的注意力从德军的主攻方向上引开，先在左翼以 3 个步兵师实施佯攻，但被苏军阻止住了。在主攻方向，德军集中了4个装甲师和3个步兵师的兵力，经过激烈的战斗，他们突破了苏第13集团军的第一道防线，艰难地向前推进了5千米。但在两翼，苏军顽强地守住了阵地。在地面激战的同时，双方的空军也在进行激战，这一天德军出动了1000多架次，苏联空军也出动了600余架次。双方战至5日终了时，德军只向前突破不足10千米，却至少损失了70辆坦克。

第二天，罗科索夫斯基开始发动反击，莫德尔也把预备队投入战场，于是一次大规模坦克战展开了。经过激战，苏军的两个坦克旅遭到重创，损失了约70辆坦克，德军一路乘胜前进，杀到苏军第二条防线前，但被苏军第17近卫步兵军以及赶来增援的苏军第17坦克军阻止住了。

7月7日凌晨，德军再一次发动了进攻，企图夺取交通枢纽波内里，战斗异常激烈，德军数次攻入市区，但都被顽强的苏军赶了出来。而苏联空军经过激战，夺取了库尔斯克北部地区的制空权，从此给德国地面部队以很大威慑。

战斗到7月8日，德军虽给苏军造成很大损失，但苏军依靠数量上的优势，坚守住了阵地，在波内里城内，德军付出惨重的代价后，占领了大半个波内里，但苏军仍控制着市内一些重要据点，使德军无法继续推进。7月9日莫德尔以300辆坦克向苏军阵地发动了最后一次进攻，结果仍然是一无所获。此时德第9集团军的攻击能量已耗尽，莫德尔被迫在10日转入防御。

五、奥廖尔战斗

苏军的进攻率先在库尔斯克北部发起，当德军的攻势在7月10日被阻止后，苏军决定于12日发动进攻，并以打败拿破仑入侵的俄国元帅库图佐夫的名字作为此次战役的代号。12日凌晨，苏军向奥廖尔突出部的德军阵地实施了长达两个多小时的炮击，随后索科罗夫斯基上将的西方方面军和波波夫上将的布良斯克方面军的一线部队开始进攻。德军则进行着顽强的抵抗，给苏军造成重大伤亡。15日，苏中央方面军的第70、第13和第48集团军也加入攻击。

此时苏联空军也完全控制了制空权，法国“诺曼底”航空大队也在库尔斯克上空与苏联空军并肩作战。面对坦克和兵力都占优势的苏军，莫德尔无力阻止其进攻，他意识到失去奥廖尔只是时间问题。7月16日，莫德尔向希特勒请求放弃奥廖尔，将德军后撤至“哈根”防线，但被希特勒否决。到了7月25日，墨索里尼下台，意大利退出战争的迹象已经十分明显，希特勒需要从东线抽调兵力去意大利，而奥廖尔突出部的德军也面临被苏军合围的危险。在莫德尔和克鲁格再一次请求后撤后，希特勒最终同意弃守奥廖尔，并调第2党卫装甲军去稳定意大利的局势。7月31日德军向布良斯克方向的“哈根”防线撤退，撤退途中，德军实行了残酷的焦土政策。8月5日苏军攻克了奥廖尔，并继续追击退却中的德军，10日解放了霍特涅茨，15日进入卡拉切夫，至16日苏军的进攻基本结束，战线逐步稳定了下来。

在奥廖尔战役中，苏军歼敌20万人，坦克1044辆，火炮2402门，并向西推进了150千米，拉平了库尔斯克防线，但却未能完成战前制订的合围并歼灭德中央集团军群的计划，同时苏军的损失也是巨大的，伤亡429890人，损失坦克2586辆，火炮892门，飞机1104架。

在南线，当德军在7月23日和苏军脱离接触时，斯大林便要求苏军立刻发动反攻，但朱可夫认为经过连续的艰苦战斗后，在发动攻势前，苏军应进行必要的补充和修整，这样苏军把进攻的日期最终确定在8月3日。这次作战的代号以七年战争中俄国名将鲁缅采夫的名字命名。担当此次进攻任务的是沃罗涅日方面军和草原方面军，总兵力为90万人、2800多辆坦克和自行火炮。

8月3日凌晨5时，苏军近万门大炮齐鸣，大量炮弹倾泻到德军阵地上，炮击持续了两个多小时，最后以一阵喀秋莎火箭炮的齐射作为结束。随后坦克和步兵开始发起攻击，在炮击中幸存的德兵无力阻挡苏军的前进，苏军很快就突破了德军第一道防线。经过一天的战斗，苏军各突击集团平均向德军纵深推进了10至15千米。在随后几天的战斗中，德军的防守异常地顽强，苏军的坦克虽然继续向前突破，但步兵却被德军缠住，进展缓慢。至8月5日，苏第1坦克集团军攻占鲍里索夫卡，切断了托马罗夫卡德第255、第332步兵师和第19装甲师的退路，等待他们的命运将是被歼灭。但被围德军仍拼死抵抗，正是由于他们的顽强抵抗为曼施泰因将德军主力从别尔哥罗德撤往哈尔科夫赢得了时间。5日苏军收复别尔哥罗德，7日占领德军后方的后勤供应基地博戈杜霍夫，缴获大量德军物资。

在6、7两日，由于苏军坦克队前进很快，而步兵忙于清除被包围的德军，苏军的坦克部队和步兵已开始脱节了。曼施泰因希望抓住苏军这个弱点，他开始有计划地撤退以赢得时间来集结兵力，等苏军进攻能量逐渐消耗后，实施反击。此时瓦图京对形势十分乐观，他认为德军已到了崩溃的边缘，他命令前线坦克部队继续进攻，切断哈尔科夫至波尔塔瓦的铁路线，阻止德军逃脱。

8 月 11 日，德军已经集结完毕，并补充了充足的弹药和燃料，曼施泰因开始反攻。而此时苏军的坦克部队仍处于追击状态，各部队之间分散很广，步兵和炮兵仍在后方，且经过多日激战，弹药和燃料都已严重不足。更重要的是苏军对德军的进攻未有察觉。苏军正在重犯 5 个月前在哈尔科夫战役的错误。11 日晚苏第 1 坦克集团军的第 49 坦克旅和第 17 坦克团被德军围歼，由于苏第 5 近卫坦克集团军及时赶到，避免了第 1 坦克集团军的全军覆灭。12 日在德军的进攻下，苏军被迫后退。随后，苏第 6 近卫集团军的第 6 坦克军在 14 日被德军包围遭到惨败。

战斗到 8 月 17 日，双方都遭受了巨大损失。德军的反击虽然给苏军以重创，但曼施泰因却没有力量进一步扩大战果，而苏军数量上的优势再次起到了决定性的作用，他们很快又恢复了进攻。其后德军的反攻再也没能给苏军造成威胁。19 日苏军攻抵哈尔科夫西面的乌德河北岸，并于 20 日强渡乌德河，在南岸建立了桥头堡。攻打哈尔科夫的战斗异常激烈，强大的苏第 5 近卫坦克集团军最后只剩下了 50 辆坦克。22 日晚苏第 53 集团军率先攻入城内，德军开始全面撤出哈尔科夫，退向第聂伯河的防线。沿途他们破坏了所有公路、铁路和桥梁，污染了水源，焚烧了一切农作物，毁坏了建筑物。苏军于 23 日收复哈尔科夫。

别尔哥罗德—哈尔科夫战役中，苏军歼敌约20万人，自身损失也达255566人，坦克1864辆，火炮423门，飞机153架。

六、意义非凡

库尔斯克会战中，德军与苏军都付出了惨重代价。库尔斯克战场遍布着数以百计烧焦的坦克和飞机的残骸，以及无数的尸体。双方的区别在于：苏军在遭受了巨大损失的情况下仍然能按照计划冲出防线发起全面反攻，而东线德军则失去了仅有的骨干力量。

库尔斯克会战的失利使纳粹德国永久性地丧失了战场主动权，此后德军再也没有在东线发起有威胁的攻势。这次会战后苏军又向德军发动了连续攻势，收复大量失地，在11月解放了基辅，同时苏军的各级指挥员也在战火中迅速成长起来，指挥艺术也越来越成熟，最终使苏军不仅在数量上超过德军，在质量上也超越了德军。

库尔斯克战役结束后，苏军完全掌握了战略主动权，转入了战略进攻。东线的战局演变成了苏军的长途进攻，俄国人收复了所有失地，征服了整个东欧，一路攻入德国，占领了柏林，并赢得了战争。

德军再也不能反击或阻止苏军的推进，只能被迫开始长途撤退。

斯大林在评价这一来之不易的胜利时说：“苏军在库尔斯克会战的胜利标志着德国法西斯已经处于覆灭的边缘。”

19 击垮墨索里尼
——西西里岛登陆战

◇……

8月17日上午6时30分，美先遣部队进入墨西拿。10时30分，巴顿乘坐指挥车率领一个摩托车队驶进城里。1小时后，一队英军也吹吹打打地进了城。一位英国军官走到巴顿面前，同他握了握手说："这是一场有趣的竞赛，我祝贺你的成功。"当天，岛上的一切抵抗均告停止，西西里岛登陆战结束。盟军占领了西西里岛，从此在地中海往来无阻，打开了登陆欧洲的大门。

一、战争背景

1943年5月，盟军在把德、意军队逐出非洲大陆后，将意大利西西里岛定为下一个进攻目标。1943年夏，盟军在北非沿海港口集中了大量兵力，准备在西西里岛登陆。这次作战的代号为“哈斯基”，由亚历山大将军指挥的第15集团军群负责实施。该集团军群下辖蒙哥马利指挥的英军第8集团军和巴顿指挥的美军第7集团军，共有13个师和3个独立旅，总兵力达47.8万人，拥有作战飞机4000余架，各种战斗舰艇和辅助船只约3200艘。

为保证西西里岛登陆战的胜利，盟军在战役前曾实施代号为“肉馅”的误导行动，发出盟军将在撒丁岛和希腊登陆的错误信息，致使希特勒下令分散了西西里岛上的德军兵力。

西西里岛是地中海最大的岛屿，位于亚平宁半岛和北非之间，是意大利的属地，也是意大利南部的重要屏障。整个岛屿呈三角形，地形以山地、丘陵为主，高处是埃德纳火山。岛上西北角为巴勒莫港，东北角为墨西拿港，距意大利本土的卡拉布里亚市只有一条狭窄的墨西拿海峡相隔，东南角有锡腊库扎港，整个岛屿易守难攻。

1943年年初，当盟国领袖决定不在当年内轮渡英吉利海峡入侵法国后，他们便决定利用驻在北非之军队进攻意大利西西里岛，目的是消灭轴心国在岛上之海空力量、令盟军舰只自由通过地中海及将墨索里尼赶下台以令意大利退出战争。迫使意大利退出战争之愿望十分成功，尤其是盟军飞机空袭罗马市大型铁路调车站之后。不过，该计划亦被视为入侵意大利之开端，虽然盟国之间在入侵开始时意见并不统一，尤其是美国人极力阻止，他们担心此举可能推迟诺曼底战役，或从法国转移盟军之主要力量。

艾森豪威尔将军是战役总指挥，哈罗德·亚历山大将军负责整个登陆行动。登陆部队被编成第15集团军，共13个师（包括10个步兵师、一个装甲师和两个空降师）又3个独立旅，总兵力达47.8万人，作战飞机4000余架，战斗舰艇和辅助船只约3200艘。

二、战略决策

1943 年 1 月，卡萨布兰卡会议上，美英首脑便决定在突尼斯战役结束后立即实施西西里岛登陆战。1943 年夏，盟军在北非沿海港口集中了大量军队，准备执行代号为“哈士奇”的西西里岛登陆作战计划。负责实施该计划的是亚历山大将军指挥的第 15 集团军群，下辖英军第 8 集团军和美军第 7 集团军。英第 8 集团军由蒙哥马利指挥，其任务是在岛东南的锡腊库扎到帕基诺地段登陆，向墨西拿前进；美军第 7 集团军由巴顿指挥，其任务是在岛西南的杰拉到利卡塔地段登陆，通过该岛中央把敌军切成两半，并肃清岛西北角的敌军。登陆时间定在 1943 年 7 月 10 日。

盟军在实施登陆前，实施了代号为“肉馅”的欺敌计划。一具看起来像是一名盟军参谋军官的尸体携带有关攻打撒丁岛和希腊的文件漂浮在西班牙海岸。希特勒接到德军情报部门送来的情报后，对盟军可能登陆的地点作了错误的判断，把德军主力调往撒丁岛和希腊。但德南线总司令凯塞林元帅依然意识到盟军极有可能进攻西西里岛，于是将德军戈林装甲师和第 15 装甲步兵师派往西西里岛，增强了该岛的防御力量。1943 年 6 月，防御西西里岛的意大利第 6 集团军已辖有 9 个意大利师和两个德国装甲师，兵力共约 25.5 万人，由意军将领古佐尼指挥。

1943 年 6 月 11 日，为了取得进攻西西里岛的前进基地，盟军在西西里岛和北非之间的班泰雷利亚岛登陆，俘虏意军 1.1 万多人，揭开了西西里岛战役的序幕。两天后，邻近两个小岛的意军也放下了武器。盟军在登陆前对西西里岛和卡拉布里亚实施了战略轰炸，共出动 4000 架飞机在登陆前的 3 周对西西里岛上的机场和设施进行了昼夜轰炸。

7 月 1 日，盟军取得了西西里岛及意大利南部的制空权，德、意空军的 1400 架飞机撤到意大利南中部和撒丁岛。

7 月 5 日，盟军攻击舰队从北非的奥兰、阿尔及尔等 6 个港口出发，载送部队前往马耳他岛会合。同时，英国海军出动“无敌”号和“无畏”号航空母舰、6 艘战列舰等大型战舰掩护攻击舰队。航空母舰还向希腊方向佯动，迷惑敌人。

7 月 9 日，盟军舰队在马耳他岛东西两侧集结。准备登陆时天气骤变，狂风怒号，恶浪滔天，德、意军因此放松了警惕。10 日凌晨 2 时 40 分，空降部队首先发动攻击，美军第 82 空降师和英第 1 空降师的 5400 名官兵搭乘 366 架运输机和滑翔机从突尼斯出发，飞向西西里岛。

7 月 4 日至 9 日，盟军特混舰队 2600 艘舰船分别从北非和中东各港口起航，在空军间接和远距离空中支援下驶向西西里岛。由于缺乏直接航空火力掩护，海军舰船遭敌军袭击，被击沉十余艘。10 日 3 时 45 分开始登陆，登陆后未遇顽强抵抗。11 日和 13 日夜间，美、英空降部队分别实施第二次空降，但因组织协调不当，运输机遭己方炮击，损失严重。14 日，德、意空军在西西里岛的昼间空中抵抗活动基本停止。8 月 17 日，盟军登陆部队占领了整个西西里岛，德、意守军在夜间渡海撤退到意大利。盟国空军在阻击德军撤退的战斗中，击沉德军舰艇 23 艘。

德、意空军在西西里岛战役中进行了一系列反击行动。在盟国空军飞机频繁袭击岛上机场时，意战斗机出动 690 架次，德机出动 500 架次进行反击，虽取得一定战果，但没有保住西西里岛的基地。当盟军乘大批舰船向西西里岛开进时，意空军于 7 月 10 日先后 5 次袭击了防御薄弱的登陆突击队的船只，德机也多次袭击并炸沉炸伤数艘盟军运输舰船；13 日，德、意轰炸机部队集中兵力袭击东部英军登陆地区，炸沉“爱斯基摩”号驱逐舰、“塔兰巴”号医院船及 3 艘自由轮；17 日，德、意轰炸机又炸伤一艘自由轮和一艘军舰。

此役，盟国空军损失飞机 375 架，德、意空军损失飞机 740 架。战争实践表明，空军在为陆海军提供间接支援的同时，还应提供直接支援。

三、战争经过

7 月 10 日凌晨 3 时 45 分，巴顿和蒙哥马利指挥的 16 万美、英登陆大军分乘 3200 艘军舰和运输船，在 1000 架飞机掩护下，在西西里岛的西南部和东南部实施登陆。意军士气低落，仅进行了微弱抵抗。至中午时分，巴顿和蒙哥马利的部队顺利地登上了各自的目标滩头，并保持着攻击态势。

7 月 11 日，西西里岛守军在意军古佐尼中将指挥下开始反击。德第 15 装甲师从岛上西部调到了东岸，以阻止蒙哥马利的英第 8 集团军向北面的奥古斯塔移动；德军戈林装甲步兵师和意大利的两个摩托化步兵师则向巴顿的美第 7 集团军发起反击。德空军出动了

481 架飞机频频轰炸盟军滩头部队，盟军飞机前来拦截，结果引起一场混战，盟军地面的防空武器不分敌我地进行炮击。激烈的战斗持续了一天，德军坦克几乎推进到距美第 7 集团军滩头阵地不足两千米处。巴顿亲临前线指挥美军奋力反击，海军也用猛烈的炮火轰击德军坦克。战至傍晚，德军损失大批坦克，被迫撤退。美军趁势攻占杰拉城。

7 月 12 日，东面的英第 8 集团军攻克了锡腊库扎。

德、意军队第一次反攻失利后，凯塞林知道大势已去，只好与盟军混战以拖延时间，牵制盟军，然后经墨西拿海峡退至意大利的卡拉布里亚。希特勒亲自批准了凯塞林的计划，将驻卡拉布里亚的德军第 29 装甲师和驻法国的第 1 空降师调往西西里岛。在加强兵力的同时，德、意部队加紧调动，以阻止英第 8 集团军威胁墨西拿。德戈林装甲师被调往东部的卡塔尼亚；德军第 1 空降师也同时在卡塔尼亚空降；德第 15 装甲师在恩纳附近阻止美第 7 集团军北进；新调来的第 29 装甲师部署在埃德纳火山西南。这样德、意部队构筑了从恩纳到卡塔尼亚的坚固防线。

7月13日，蒙哥马利手下的第13军奋力突击卡塔尼亚，盟军145架飞机载着英第1空降旅1900名士兵从突尼斯出发在卡塔尼亚空降，配合地面部队联合进攻。德军以德戈林装甲师和第1空降师进行顽强抵抗，牢牢控制着从卡塔尼亚通向墨西拿的海岸公路。蒙哥马利正面进攻受挫，被迫调第30军绕过埃德纳火山西侧，在美第7集团军的支援下进攻墨西拿。

巴顿不甘心让蒙哥马利独唱主角，他兵分两路，一路由布莱德雷率领美第2军在西西里岛中部支援英军作战，一路由凯斯将军率领1个暂编军直取西西里首府巴勒莫。

7月22日，美军不战而克巴勒莫，俘虏意军5.3万人。巴顿的虚荣心得到了极大的满足，艾森豪威尔也为美军的胜利而兴高采烈。与此同时，蒙哥马利却在两个重要方向上都陷入困境，他的第13军被阻于卡塔尼亚，而向西迂回的第30军也在阿德拉诺地区徘徊不前。6个师对付不了德军3个师和一些意大利部队。

巴顿和布莱德雷见蒙哥马利受阻，决心变助攻为主攻，抢在蒙哥马利之前拿下墨西拿，一洗英国宣传机器的奚落和咒骂。布莱德雷的美第2军在攻占北部的佩特拉里亚后，迅速调头东进，沿北海岸公路直扑墨西拿。8月1日，艾伦指挥的美军“大红一师”向特罗伊纳发起进攻。攻击刚开始，艾伦低估了德军的兵力和战斗力，结果伤亡惨重败了下来。德军死守特罗伊纳，与美军殊死搏斗了7天才撤离该城。8月5日，英第8集团军终于攻克卡塔尼亚，开始沿东海岸公路向墨西拿推进。德军有计划地边打边撤，沿途过河炸桥，并埋下数以万计的地雷。8月10日，德、意部队退到墨西拿附近，由于盟军没有切断墨西拿海峡的计划和行动，4万德军和7万意军用6天7夜的时间，完成了向意大利本土的敦刻尔克式撤退。

盟军向墨西拿的进军变成了美英两国军队的赛跑。

8月16日傍晚，美军第3师的先头部队到达墨西拿城下。

8月17日上午6时30分，美先遣部队进入墨西拿。10时30分，巴顿乘坐指挥车率领一个摩托车队驶进城里。一小时后，一队英军也吹吹打打地进了城。一位英国军官走到巴顿面前，同他握了握手说："这是一场有趣的竞赛，我祝贺你的成功。"当天，岛上的一切抵抗均告停止，西西里岛登陆战结束。盟军占领了西西里岛，从此在地中海往来无阻，打开了登陆欧洲的大门。

在西西里岛登陆战役中，盟军共伤亡22811人，其中5532人死亡，14410人受伤，2869人失踪。德、意军伤亡3.3万人，被俘13.2万人，此外还损失坦克260辆、大炮500门、飞机1700架。这次战役虽然没能消灭德军大量有生力量，但达到了迫使意大利退出战争的政治目的。7月25日，墨索里尼下台，他的继任巴多格利奥上台后与盟国进行了秘密联系，试探投降的可能性。巴多格利奥因担心德军攻占意大利而继续抵抗盟军，但希特勒却毫不客气地占领了意大利。

在西西里岛登陆战役中，盟军隐蔽地从各地调集了大量的陆、海、空军，在兵力上占有绝对优势，始终处于"以强击弱"的有利地位，伪装和欺骗也很成功，从而保障了战役的突然性。但是，美、英军行动不够坚决，在海、空军力量均占优势的情况下未能在墨西拿海峡阻止德军的撤退，致使德军顺利地撤退到意大利本土。而德、意高级指挥官意见不一致，行动不协调，对主力作了分散配置，在作战中，德、意守军又互相猜疑，互不配合，从而导致失败。

20　突破“大西洋壁垒”
——意大利战役

◇ ………………

贝尼托·墨索里尼及共和国政府成员在拒绝上意大利民族解放委员会提出的投降命令后，于 1945 年 4 月 25 日晚逃往米兰。但墨索里尼在 4 月 27 日前往阿尔卑斯河谷瓦尔泰利纳地区时被游击队俘虏，他曾计划在那里等候美国人的到来。上意大利民族解放委员会的行动违反了国王和罗马政府在 1943 年 9 月 8 日与同盟国停战协议条款中所规定的义务，条款要求墨索里尼向同盟国投降。但上意大利民族解放委员会决定立刻枪毙墨索里尼及其部下，并计划于 4 月 28 日下午在关押他们的科莫湖边的一个村庄执行。1945 年 4 月 28 日下午，“行刑者”到达那里时，他们发现有人已经替他们完成了任务。

一、枭雄垮台

1943年7月，盟军在西西里岛的登陆迫使墨索里尼的法西斯政府垮台，由巴多格利奥为首的意大利新政府开始与美英秘密谈判，但由于在是否“无条件投降”问题上双方讨价还价，一再延误，使希特勒获得了充足的时间来加强其在意大利的兵力。希特勒在墨索里尼垮台后的次日便下令占领德意边境和法意边境的阿尔卑斯山的所有山口，并从法国和德国南部迅速集结了8个德国师，称B集团军群，由隆美尔元帅任司令，做好进军意大利的准备。8月初，隆美尔率部越过边境进入意大利北部，以支援驻守在意大利南部的凯塞林元帅的8个德国师。盟军于8月17日夺占西西里岛后，决定继续进攻意大利本土。地面攻击部队为英将亚历山大将军指挥的第15集团军群，下辖蒙哥马利的英第8集团军和克拉克指挥的美第5集团军。

意大利南部战役的企图是：英军第8集团军强渡墨西拿海峡，在亚平宁半岛南端卡拉布里亚雷焦地域夺占登陆场；美军第5集团军从舰艇上登陆，进占萨莱诺附近的登陆场；尔后从两个登陆场实施相向突击，攻占包括那不勒斯在内的整个意大利南部。意大利北

部战役战役企图规定；英第8集团军和美第5集团军在博洛尼亚市以东及其西南实施突击，突破德军防御，粉碎第10、第14集团军基本兵力，攻占博洛尼亚；尔后向邦代诺总方向发起进攻，前出波河并强渡该河；接着以英第8集团军的兵力沿威尼斯湾推进，攻占的里雅斯特市，前出南斯拉夫边界；以美第5集团军主力占领意大利西北部及大工业中心米兰和都灵，而以一部兵力北进，占领布伦纳山口。

二、战争过程

9月3日，意大利代表和盟国代表秘密签订了停战协定，当天凌晨，蒙哥马利的英第8集团军从西西里渡过狭窄的墨西拿海峡，在意大利的亚平宁半岛登陆，向意南部快速挺进。9月8日，英国广播公司广播了意大利投降的正式文告。9月9日凌晨，由克拉克指挥的美第5集团军（辖卢卡斯的美第6军和麦克里里的英第10军）在萨勒诺湾登陆。意大利领导人也没料到登陆来得那么快，他

们起初对英国的广播予以否认，随后又承认了这一事实。已有戒备的德军闻讯立即将80万意军解除武装，逮捕了大批意军军官，并

于9月10日占领了罗马，控制了南至那不勒斯的意大利本土。意国王和巴多格利奥等仓皇乘潜艇逃到南端的盟军占领区。9月13日，希特勒派党卫军中校斯尔策尼指挥突击队用滑翔机将被囚禁于大萨索山顶旅馆的墨索里尼营救出来，随后墨索里尼在希特勒的扶持下，在意大利北部成立了“意大利社会共和国”傀儡政府，与巴多格利奥政府对抗。10月13日，巴多格利奥政府正式退出“轴心”同盟，向德国宣战。同时，英、美、苏三国政府也发表宣言，承认意大利为共同作战一方。

克拉克指挥的美第5集团军在萨勒诺湾登陆后，遭到德军的猛烈抵抗。德军南线总司令凯塞林元帅将所属8个师中的6个师编组为第10集团军，由菲廷霍夫指挥，在萨勒诺抵抗盟军并试图将其赶下海去。9月12日，德军发起反攻，当天冲进了美第6军和英第10军之间的缺口。13日在对美军左翼发动的一次攻击中将美军逐出佩萨诺，使美军来了一次总退却。但是盟军利用强大的海、空军向萨勒诺桥头堡紧急调派增援部队。至16日，美第5集团军已拥有7个师，200多辆坦克。16日早上，德军对英第10军发起的攻势在盟军大炮、海军舰炮和坦克的打击下被粉碎。凯塞林终于认识到把盟军赶下海去不过是白日做梦，遂于当晚决定停止战斗，边打边向北撤，并一路上破坏桥梁、公路、隧道和铁道设施，阻止盟军前进。克拉克挥师向意西海岸进军。10 月 1 日，美第 5 集团军占领了那不勒斯。同日，蒙哥马利的英第 8 集团军占领了东海岸的福贾。10 月 14 日，美第 5 集团军攻占了卡普亚，同东面的英第 8 集团军会师，从而在意南部建立了一条 190 余千米长的牢固战线。

11 月 5 日，希特勒下令调隆美尔元帅到西线去视察和加强号称“大西洋壁垒”的海岸防御工事，隆美尔的 B 集团军群随之解散，驻意德军合编为 C 集团军群，下辖菲廷霍夫的第 10 集团军和马肯森的第 14 集团军，共 21 个师，370 架飞机，由凯塞林元帅任总司令。凯塞林为阻止盟军进一步向北推进，在西起罗马以南 80 千米的西海岸，向东穿越亚平宁山脉直到东海岸，建立了横贯意大利中部的“古斯塔夫防线”。该防线以卡西诺隘道为核心，依山峰天险而构筑，易守难攻。美第 5 集团军和英第 8 集团军数次发起攻势，试图突破该防线，但均未成功。整个冬季，盟军一直受阻于古斯塔夫防线。1944 年年初，亚历山大指挥的第 15 集团军群共有 19 个师又 4 个旅，4000 架飞机和 3000 余艘舰艇。亚历山大为了打破僵局，加快战役进程，决定在加强正面进攻的同时，以一部分兵力在罗马南部小镇安齐奥实施登陆作战，从背后突破德军防线。

1944 年 1 月 12 日，美第 5 集团军在卡西诺地区发起进攻。克拉克以英第 10 军冲出来吸引德第 14 集团军大部，美第 2 军则向利里山谷进击，试图强渡拉皮多河。拉皮多河看上去并不是很宽，但水深流急。担任主攻任务的是沃克将军指挥的美第 36 步兵师。沃克认为这一行动成功的可能性极小，不赞成渡河，但只能执行命令。战斗持续了一天一夜，结果美军以惨败告终。美第 36 步兵师伤亡达 1681 人。

1 月 22 日，卢卡斯将军指挥的美第 6 军在安齐奥登临。开始，登陆作战比较顺利，美军很快建立了一个滩头阵地。卢卡斯打算向内陆推进 40 千米，占领阿尔卑斯山，切断德军的供应线和退路。但是，卢卡斯过于谨慎了。他在出奇制胜后，没有乘胜前进。在随后的 9 天里，卢卡斯关注的是把更多的兵力和给养运上岸来。

凯塞林在得知盟军在安齐奥登陆后，立即从法、德及南斯拉夫调派兵力支援，到了 28 日，已有 4 个师面对美第 6 军，并准备进行反击。1 月 30 日，卢卡斯才向阿尔卑斯山发动进攻。经过 3 天战斗，在付出 5500 人的伤亡后，卢卡斯才被迫停止了进攻。他命令第 6 军挖壕自卫，在滩头阵地周围布上铁丝网和地雷。

三、声东击西

盟军在安齐奥突然登陆，转移了德军的注意力。克拉克命令美第 2 军和新西兰师先后 3 次对卡西诺发起进攻，均未能成功。尽管盟军飞机把著名的山顶建筑卡西诺修道院炸成一片瓦砾，但仍无济于事。德军在山峰高处依山掘壕，甚至利用修道院的废墟作掩护，顽强抵抗，使盟军终不能突破德军防线。因此，对卡西诺的进攻被称为克拉克的“最黑暗时刻”。安齐奥滩头阵地此时已陷入困境，不仅前进不得，而且前面的德军越来越多。到 2 月 16 日，已有 10 个德国师包围安其奥的 5 个盟军师。2 月 28 日，德军发起大规模反击，试图一举将盟军赶下海去，但遭到盟军空军的大规模空袭，当天就损失了 30 多辆坦克，凯塞林不得不于 3 月 4 日下令停止了反击，以 5 个师维持对美军的包围。

直至 5 月中旬，安齐奥成了美军的陷阱，在 4 个多月中，被压缩在滩头阵地上，伤亡日增，一筹莫展。有位新闻记者对当时美军的状况这样描述道：“美军在这里就像原始人那样生活，他们那副样子，挥舞棍棒也许比使用机枪还更像样些。”

盟军最初打算以登陆作战从后面突破古斯塔夫防线的希望落了空，克拉克因此撤销了美第6军军长卢卡斯的职务，任命特拉斯科特将军为美第6军军长。驻意德军统帅凯塞林认为，安齐奥登陆战的真正错误不在卢卡斯，而在于“登陆部队力量不强，缺少机械化部队配合。这是一次不充分的进攻”。

在绕过德军防线的企图失败后，山谷和海边的盟军都陷入了困境，盟军统帅部没有别的选择余地，只能实施强攻。5月11日晚，在盟军空军的协同轰炸之后，盟军对古斯塔夫防线发动了全面进攻。法军中的一支山地成长的骁勇善战的摩洛哥土著骑兵部队翻山越岭，冲上海拔1478.28米的山峰，绕到德军背后发动进攻。5月14日，经过激烈残酷的争夺战，波兰军第二支队终于冲进卡西诺修道院废墟。德军“古斯塔夫防线”许多地段被突破，凯塞林被迫命令德军撤至从台伯河口到东海岸佩斯卡拉的恺撒防线。5月22日，被困于安齐奥滩头的美第6军也发起进攻，于25日同正面进攻部队会师。德军继续北撤，退守至圣马力诺至卡拉拉的哥特防线。6月4日罗马宣布为不设防城市。当晚9时，美第5集团军首先开进罗马。占领罗马后，盟军继续向北推进，8月25日，进攻哥特防线，9月28日将该防线全面突破。在突破哥特防线后，由于在西欧登陆的需要，盟军从意大利战场调走了7个精锐师，使意大利战场一度处于沉寂状态。

四、战争结果

1945年4月，西线盟军和苏军同时对德国发起强大攻势，德军面临全面崩溃的危机，意大利战场也再度活跃。4月9日，由麦克里里指挥的英第8集团军和由特拉斯科特指挥的美第5集团军先后从东西两翼发起攻势，德军士气低落，无力抵抗，节节败退。4月21日，英第8集团军和美第5集团军胜利会师。4月23日，盟军全线进抵波河，俘虏德军3万人。接着，盟军渡过波河天险，于26日攻克曼图亚和维罗纳，27日进占热那亚。这时，意北部爆发了游击队起义，许多城市获得解放。28日，盟军封锁了德军企图逃走的阿尔卑斯各山口。当天游击队在科摩湖抓住了企图逃往德国的墨索里尼和他的情妇，在美国人尚未赶到之前便将他们枪毙。第二天他们的尸体被运到米兰，倒挂于市中心广场，以中世纪的方式示众。4月29日，美第5集团军进驻米兰，英第8集团军进驻帕多瓦。同日，德C集团军群司令菲廷霍夫的代表在卡塞塔签署了无条件投降书，并于5月2日生效。至此意大利战役全部结束。

盟军在整个意大利战役中，共伤亡32万多人，歼灭德军65.8万人，并一直牵制着德军一个集团军群的兵力，这对其他战场上的盟军作战起了有力的配合作用。

21 打开胜利之门
——诺曼底登陆

◇

德国为抗击盟军的登陆，早在1941年12月起就开始构筑沿海永久性防御工事。德军沿海岸线设置了重重反坦克障碍。1942年7月20日，希特勒下令从挪威北部至西班牙海岸构筑由1.5万个坚固支撑点组成的防线，也就是所谓的“大西洋壁垒”。希特勒要求在1943年5月1日之前完成，实际上直到1944年5月，除加莱地区外，在960千米广阔海岸线上，只修筑了少数相距遥远的零星支撑点，塞纳—马恩省河以东地区完成了68%，塞纳—马恩省河以西地区仅完成了18%。海岸炮兵方面，德军部署在法国西部沿海地区的大口径火炮主要有：格里角地区的4门280毫米和3门381毫米岸炮，维梅纳地区的3门305毫米岸炮，桑卡特西部地区的3门406毫米岸炮。而由于盟军情报机关的卓越努力，使德军最高统帅部误认为挪威将是盟军优先夺取的地区，在此投入大量人力物力，在挪威沿海修建了350座可部署88毫米到381毫米火炮的炮台。此外，德国还有一项优先建设的工程是海峡群岛设防工程，至1944年共建成11座配备38门210毫米至305毫米火炮的炮台。这一工程在战略上毫无意义，只是浪费了大量宝贵的人力物力。

因此，被德国宣传部门大肆渲染的“大西洋壁垒”，实际只是徒有虚名而已。

一、战略决策

自1941年德国入侵苏联后，苏联红军便一直单独地在广大的欧洲大陆上与德军作战。斯大林曾向丘吉尔提出在欧洲开辟第二战场对纳粹德国实施战略夹击的要求，但当时美国尚未参战，英国根本无力组织这样大规模的战略登陆作战。对于苏联的建议，英国的响应只是派出小部队对欧洲大陆实施偷袭骚扰（迪耶普战役）。

1943年5月，英美华盛顿会议决定于1944年5月在欧洲大陆实施登陆，开辟第二战场。盟军立即开始制订登陆计划，首先确定登陆地点，根据历次登陆作战的经验教训，几经权衡比较，盟军选择了诺曼底，并于1943年6月26日起制订具体计划，以“霸王”为作战方案的代号，以“海王”为相关海军行动的代号。

为实施这一大规模的战役，盟军共集结了多达288万人的部队。陆军共36个师，其中23个步兵师、10个装甲师、3个空降师，约153万人。海军投入作战的军舰约5300艘，其中战斗舰只包括13艘战列舰、47艘巡洋舰、134艘驱逐舰在内约1200艘，登陆舰艇4126艘，还有5000余艘运输船。空军作战飞机13700架，其中轰炸机5800架，战斗机4900架，运输机滑翔机3000架。为此，盟军的空袭由轰炸德国的工业区转变成轰炸德国的交通线（后期根据德国的记载，由于盟军对德的轰炸，使修建“大西洋堡垒”的进度一再变慢，甚至有些修建“大西洋堡垒”的工人被迫去修建铁路）。在D日前夕，这些轰炸机又轰炸了海滩的防御设施，只是由于探路人的失误，使这些轰炸没有起到什么作用。1943年8月，英美魁北克会议批准“霸王”计划。1943年11月，英美苏德黑兰会议确定于1944年5月发动“霸王”行动。

1943年12月，美国陆军上将艾森豪威尔被任命为欧洲同盟国远征军最高司令，于1944年1月2日抵达伦敦就任。艾森豪威尔阅读了摩根计划，认为突击的正面太窄，在最初攻击中缺乏足够的突击力量，提出修改意见，把登陆正面扩大到80千米，第一梯队由3个师增加到5个师，登陆滩头也从3个增加到5个（新增“犹他”、“剑”滩头），空降兵从两个旅增加到3个师，这一意见得到最高司令部三军司令的支持。

1944年2月，英美联合参谋长委员会批准了“霸王”计划大纲和修改后的作战计划，但是随之对登陆舰艇的需求也增加了。为了确保拥有足够的登陆舰艇，英美联合参谋长委员会决定将登陆日期推迟到6月初，并且将原定同时在法国南部的登陆推迟到8月。

二、空降开始

在诺曼底登陆中，盟军空降兵的任务是在登陆滩头两侧距海岸10至15千米的浅近纵深空降，阻止敌预备队的增援，并从侧后攻击德军海岸防御阵地，配合海上登陆。由于在最初的一两天里，盟军只登陆6至8个诺曼底登陆步兵师，只有在建立起可供装甲师展开的大登陆场后，才将装甲师投入作战。如果在装甲部队上陆前德军突破了登陆部队的防线，将会给登陆带来灭顶之灾。所以空降兵的行动在登陆初期对于登陆胜利是至关重要的。

英国第1空降师是最早投入战斗行动（汤加行动）的部队。1944年6月6日，早在午夜0时16分，他们就被空投到登陆地区的左翼地区，他们的目标是夺取佩加索斯桥附近的桥梁，以防止德军的装甲部队前往海岸支持。伞兵们迅速占领了这些桥梁并成功地控制了它们，直到那天稍后登陆的突击队员赶来。此行动的目标还包括夺取在梅尔维勒的地堡。虽然地堡没有被摧毁，但是在战斗过后，地堡中除了 6 人以外，其余全部伤亡。

相比之下，美军第 82 和 第 101 空降师就没那么幸运了。由于没有有经验的领航员和地面情况复杂，再加上敌军炮火拦截，部队被散落在各处。有些伞兵很不幸地降落在了海中或内陆中那些被德军故意淹没的低洼地区，很多人由于装备沉重而被淹死在仅及膝深的水中。在 24 小时后，101 师只集合起约 3000 人。

但是，从整体战略上来看，盟军可以说是因祸得福。伞兵们被投放在整个诺曼底，使德军陷入一片混乱。伞兵们各自为政，分散了德军的兵力，取得了不小的战果。特别是他们使德军指挥官大大高估了伞兵的人数，调动了更多不必要的军力，在很大程度上分散了海滩登陆场的压力。很多人在 D 日后的很多天仍在敌后独自战斗。

82 师在 6 日早上占领了圣—梅尔—艾格里斯，这个小镇也就成了整个法国第一个被解放的城镇。

三、德军反应

被德国宣传部门大肆渲染的“大西洋壁垒”，实际只是徒有虚名而已。倒是隆美尔元帅就任 B 集团军群司令后，非常重视对沿海地区的防御建设。他亲自率领特派代表团实地视察了丹麦、荷兰、法国的沿海防御情况，并特别要求前沿防御要前推至海中，从高潮线开始，在深海中布设水雷，在浅海中设置障碍物（这些斜插入海的木桩被盟军称为“隆美尔芦笋”），海滩上则是锯齿状的混凝土角锥、坦克陷阱，其间还布设大量地雷，同时在能俯视海滩的制高点构筑隐蔽火力点，在海滩后面的开阔地区，则布设了大量防机降的木桩。布置这些爆炸物和障碍物，工程浩大，直到盟军发起登陆时，仅仅完成了一部分。即使这样也给盟军登陆造成了不小损失。

在 D 日组织反击的只有第 21 装甲师，可是师长不在指挥岗位，参谋长无权调动集结部队，他只好将手上仅有的 24 辆四号坦克派去攻击卡昂以东的英军。因为仓促出动，准备不足，加上没有步兵伴随支持，被英军轻而易举击退。当天下午，师长费希丁格赶回师部，集结所属部队向“朱诺”海滩和“剑”海滩之间的卢克镇发动攻击，当时盟军在这两个海滩之间尚有数千米的空隙，德军的这一反击正打在盟军的要害，将会给盟军带来不小困难。正当第 21 装甲师在行进间，盟军的 500 架运输机正从头顶飞过，为英军第 6 空降师运送后续部队和补给，而费希丁格误认为盟军空降伞兵正是要前后夹击己部，惊慌失措不战自乱，放弃反击匆忙后撤。除此之外德军在 D 日就再没什么反击了。

6月6日，也就是被隆美尔预言为决定性的二十四小时，被艾森豪威尔称作历史上最长的一天，就这样平静地度过了。

6月7日，希特勒将西线装甲集群的5个装甲师的指挥权交给隆美尔，隆美尔决心凭借这支精锐部队大举反击。但面对严峻局势，他不得不把反击的第一个目标定为先阻止盟军将5个登陆滩头连成完整的大登陆场，其次再确保卡昂和瑟堡。可惜这支装甲部队从一两百千米外赶来，一路上在盟军猛烈空袭下，根本无法成建制投入作战，即使零星部队到达海滩，也在盟军军舰炮火的轰击下伤亡惨重，再没了往日的威风。就这样6月7日整个白天在盟军海、空军绝对优势火力下，德军无力发动决定性的大规模反击。

四、长驱直入

当盟军登陆滩头成为巩固统一的登陆场后，就按预定计划向内陆发展，美军第1集团军夺取瑟堡，担负主攻；英军第2集团军猛攻卡昂，造成直取巴黎的假象作为佯攻。

德军虽然最初的反击已告失利，但并不甘心就这样任由盟军发展，隆美尔调整部署，使用步兵防守卡昂至科蒙一线，抽出装甲部队以反击手段来阻止美军的进攻。但还没等新的部署调整好，英军就先发制人发动了攻势，打乱了德军的计划，有力地保障了美军对瑟堡的攻击。

6 月 13 日，英第 7 装甲师在向卡昂西南的维莱博日推进途中，与正从亚眠赶来的德军党卫军第 2 装甲师遭遇，双方随即爆发激战，英军人员、坦克损失很大，被迫后撤。虽然英军的进攻没有进展，但却将德军精锐的第 2 装甲师吸引在卡昂地区，为美军进攻创造了条件。当美军占领卡朗坦后，德军从卡昂地区无法抽出部队，只好从布列塔尼半岛紧急调来党卫军第 17 装甲师，攻击美军侧面以消除美军对瑟堡的威胁，美军经激烈战斗，击退了德军，并乘胜于 6 月 14 日突破德军在圣索沃地区的防线，最终于 6 月 16 日攻占了圣索沃。根据希特勒的指示，在该地区的德军 4 个师必须全力阻滞美军的前进，然后向瑟堡且战且退，死守瑟堡。隆美尔清楚地知道，这 4 个师几天来在战斗中兵力装备消耗很大，已无力胜任坚守瑟堡的重任，即使退入瑟堡，充其量不过使瑟堡多坚持几天而已。所以他向希特勒请求将这些部队直接撤往塞纳河，加强塞纳河的防御。但希特勒拒绝了他的意见。当圣索沃地区出现被突破的征兆时，隆美尔不顾希特勒的指示，果断命令所有能联络上的部队迅速向南撤退，这才挽救了不少部队。

6 月 18 日，美军攻占了科汤坦半岛中部的巴内维尔。

6 月 19 日，美军出色发挥机动性强的优势，掉头直取蒙特堡，将科汤坦半岛拦腰切断。

同一天英吉利海峡风暴突起，风力达 8 级，浪高 1.8 米，给盟军带来很大损失。在美军地段的桑树 A 人工港，浮动码头解体，沉箱断裂，十字形钢制件相互碰撞而严重受损。在英军地段的桑树 B

人工港，由于受到海底礁石的保护作用，损失较小，只有4个沉箱被毁。在登陆滩头，盟军共有7艘坦克登陆舰、一艘大型人员登陆舰、一艘油船、3艘驳船、7艘拖网渔船、67艘登陆艇被大风刮沉，一艘巡洋舰和一艘渡船因相互碰撞而损坏，还有一些舰船因汹涌的风浪引爆了德军布设的水压水雷而被炸伤。狂风暴雨还将近800艘舰艇抛上陆地，迫使盟军的卸载中止了整整5天，使两万辆车辆、10万吨物资无法按计划上陆。风暴造成的物质损失大大超过了13天作战中的损失，并使盟军的后勤补给出现严重困难。如果德军能抓住这一千载难逢的战机进行反击，战局极有可能改写。可惜当时德军兵力仅仅能勉强进行防御。德军虽从匈牙利调来刚从苏联战场撤下来的整编党卫军第9、第10装甲师，但该两师由于法国境内的铁路遭到严重破坏，部队集结机动都很困难，无法及时到达，错失了这一绝好时机。

6月20日，美军有3个师推进到距瑟堡仅8千米处。瑟堡位于科汤坦半岛北部，是法国北部最大港口。德军筑有混凝土野战工事，还利用河流和水渠设置反坦克障碍，在城郊部署有20个设在暗堡里的炮连，其中15个装备口径150毫米重炮，这些火炮既可向海上目标射击，又可控制内陆道路。只是兵力不足，因为前一时期的战斗已消耗了大量有生力量，城防司令施利本将军把勤杂人员编入战斗部队，才勉强凑起4个团的兵力。

6月21日，美军为保全港口设施，以广播敦促守军投降，遭到德军拒绝。于是美军决定对瑟堡实施强攻。

6月22日，盟国空军进行攻击前的航空火力准备，出动500架次飞机对瑟堡实施密集轰炸，投弹1100吨。随后美军3个师从南面发起猛攻，德军殊死抵抗。激战到6月24日，施利本已耗尽了所有预备队，他致电柏林要求空投铁十字勋章，授予有功人员以激励士气，仍准备死守到底。为尽快攻下瑟堡，美军迫切需要海军提供舰炮火力支援，可恶劣天气使得舰炮火力支援直到6月25日才开始。海军派出3艘战列舰、4艘巡洋舰、11艘驱逐舰组成舰炮支援编队支援地面部队，美第7军军长柯林斯中将为避免舰炮误伤己方部队，要求军舰除提供召唤射击外，只能对射击军舰的德军炮火还击，取消了其他一切远距离舰炮射击。海军军舰进行了长达7小时的舰炮射击，极其有效地压制了德军炮兵火力。在强大的海、空军火力支援下，美军第7军于6月25日黄昏冲入了瑟堡市区。次日，施利本和港口海军司令亨尼克少将一起宣布投降，但个别同主力失去联络的据点仍负隅顽抗。美军使用坦克和轰炸机协同攻击，将德军残部逐步压缩到瑟堡最西北端。7月1日，最后据点里的德军被迫投降。至此，美军占领整个科汤坦半岛。在夺取瑟堡和科汤坦半岛的战斗中，美军伤亡达2.5万人，德军伤亡、被俘约3.6万人。

就在美军攻占瑟堡的同时，蒙哥马利指挥英军第2集团军于6月26日以4个师的兵力发起代号为“埃普索姆赛马场”的作战，猛攻卡昂，当天中午攻占舍克斯，并继续向前推进，但在左右两翼都受到德军党卫军第12装甲师的坚决反击，前进非常艰难。6月27日，英军经一番苦战，击退德军的反击，占领劳良，先头部队第11装甲师控制了奥登河上的桥梁。6月28日，英军主力渡过奥登河，建立起正面宽3650米，纵深900米的桥头阵地。6月29日，德军集中5个装甲师发起反击，盟军的空军乘着天气晴朗的有利条件大举出动，对德军装甲部队实施了极其猛烈的轰炸，瓦解了德军的攻势。英军第11装甲师乘机占领卡昂西南的战略要地112高地，德军深知112高地的重要价值，随即组织多次反扑，但均未得手。6月30日，德军集中所有炮火，全力炮击112高地，在猛烈炮击下，英军难以坚守，只好放弃112高地撤到奥登河岸边。德军虽夺回了112高地，但一直在盟国空军的猛烈打击下，无法集中使用装甲部队，也就发挥不出装甲部队巨大的突击威力，一般只能使用200名步兵和15至20辆坦克组成小型战斗群进行短促出击，难以取得胜利。加上几天来坦克损失约100辆，又得不到补充，隆美尔为确保卡昂，只好放弃外围一些阵地，将全部900辆坦克中的700辆部署于卡昂近郊。盟军在占领卡卢克机场后，也再无力推进，双方陷入对峙。

6月29日，隆美尔和龙德施泰特晋见希特勒，汇报了当前的战局。希特勒对此大为不满，调整了德军西线高层指挥人事，以克卢格元帅取代龙德施泰特任西线总司令，埃伯巴赫取代冯·施韦彭格指挥西线装甲部队，并将所部改称第5坦克集团军，以党卫军上将豪瑟接替刚刚病故的多尔曼上将任第7集团军司令。

五、最后胜利

7月1日，盟军宣布“霸王”登陆作战中的海军作战即“海王”作战胜利结束。随即撤销东、西特混舰队的番号，所属舰艇一部分被调往地中海和太平洋。盟军又在诺曼底新设立两个海军基地司令部，一个在瑟堡，一个在“朱诺”海滩的人工港，具体负责指挥调度人员、物资的运输和卸载。

到7月初，盟军已上陆25个师，其中13个美国师、11个英国师、一个加拿大师，共100万人，56.7万吨物资，17.2万部车辆。盟军仍觉得登陆滩头太狭窄，便继续扩大登陆场。为保障日后能展开大规模的装甲部队，取得有利的进攻出发阵地，美军第1集团军在攻占瑟堡后马不停蹄立即挥师南下。

7月3日，盟军集中14个师的兵力，向登陆场正面德军约7个师发动猛攻。因前进的道路上是大片沼泽和诺曼底地区特有的树篱地形，易守难攻，加上天气不佳空军也无法出动，所以进展缓慢，在5天里才前进6.4千米，而伤亡高达5000人。接下来经过足足7天的浴血奋战，又付出5000人的伤亡，才推进了4.8千米。伤亡如此之大，主要是前进的道路两侧都是沼泽，只能展开一个师的兵力，在遍布地雷、障碍物的道路上粉碎德军的顽抗步步推进。

7月6日，直属盟军最高司令部指挥的具有极强机动力和突击力的美军第3集团军，在骁勇善战的巴顿率领下，踏上欧洲大陆。

7月9日，德军党卫军装甲教导师被调到维尔河地区，抗击美军的攻势，尽管该师全力奋战，仍阻止不了美军的推进。

7月11日，西线美军向诺曼底地区重要的交通枢纽圣洛发动钳形攻击，但德军依托预先构筑的工事拼死抵抗，美军的攻击未能如愿。于是美军停止攻击，整顿部队，补充弹药，准备第二轮进攻。而德军人员、装备、弹药所剩无几，又得不到补充，已是山穷水尽。在美军随后发起的第二轮进攻中终于不支，圣洛于7月18日被美军攻占。在圣洛战斗中德军在诺曼底地区重要的前线指挥第84军军长马克斯中将阵亡。美军为夺取圣洛也付出了近4万人伤亡的高昂代价。随着圣洛的失守，德军诺曼底地区防线被盟军分割为两段，局面更为被动不利。

与此同时，东线的英军对卡昂发动第二轮攻势。7月7日，盟军出动460架次重轰炸机，对德军阵地进行密集轰炸，在40分钟里投弹达2500吨。7月8日，英军两个师和加军一个师在海军舰炮火力支援下，向卡昂实施向心突击。不料空军的猛烈轰炸虽给德军造成了惨重伤亡，却也造成了遍地瓦砾废墟，其损坏程度甚至严重影响了己方地面部队的推进，因此英军于7月10日才占领卡昂。

在随后的一周里，盟军一边补充兵力物资，一边不断向正面德军施加压力，使其无法重新调整部署。7月18日，为进一步将登陆场扩大到奥恩河至迪沃河之间，英军继续由卡昂向东南推进。为配合英军的进攻，盟国空军实施了更猛烈的航空火力准备，共出动1700架次重轰炸机和400架次中轰炸机，投弹达1.2万吨，并吸取对卡昂轰炸的教训，炸弹都改用瞬发引信，以减少对道路的破坏。德军也改变战术，采取纵深梯次防御，大量使用88毫米高射炮平射坦克，并在有利地形不断组织反冲击，使英军伤亡很大，坦克损失达150辆，进攻被迫停止。尽管英军的进攻没有取得进展，但在整个战场上，盟军已到达冈城—考蒙—圣洛—莱索一线，形成正面宽150千米，纵深15至35千米的登陆场，建立并巩固了战略性的桥头堡，夺得了供大规模装甲部队展开的进攻出发阵地，完成了大规模地面总攻的准备，为收复西欧奠定了坚实的基础。至此，诺曼底登陆战役胜利结束。

此役，盟军共伤亡12.2万人，其中美军7.3万人。海军损失一艘战列舰，3艘巡洋舰、8艘驱逐舰、3艘护卫舰和48艘其他舰船。德军伤亡7.3万人，被俘4.1万人，共损失11.4万人。

诺曼底登陆战役是世界历史上规模最大的两栖登陆战役，是战

略性的战役，为开辟欧洲的第二战场奠定了基础，对加速法西斯德国的崩溃以及战后欧洲局势，都起了重要作用。诺曼底登陆的胜利，宣告了盟军在欧洲大陆第二战场的开辟，意味着纳粹德国陷入两面作战，减轻了苏军的压力，使苏军有力量攻克柏林，迫使法西斯德国提前无条件投降。同时，也使美军能够把主力投入太平洋全力对日作战，加快了第二次世界大战的结束。

22 折戟沉沙
——莱特湾海战

◇

莱特湾海战，涉及130万平方千米的海域，是二战史上最为壮观、美日双方投入海上作战力量规模最大的一次。莱特湾是美英盟军必攻，日军必守的要点。盟军意图夺取莱特湾做跳板，由南至北，直接攻击日本本土。莱特湾一旦失守，日本在东南亚的战争资源区将丢失，通往海外的路线将被切断，日本等于坐以待毙。为了阻挡盟军，日本筹划了“捷号”作战方案，分“捷1号”“捷2号”“捷3号”“捷4号”4个作战计划，分别保卫菲律宾、中国台湾地区、琉球群岛、日本本土。日本绞尽脑汁，招招出奇，拿航母做诱饵，出动神风特攻队，但最终也没有逃脱海上兵力彻底覆没的命运。

一、战略背景

1944 年的太平洋战场上，盟军在攻克了马里亚纳群岛和比阿克岛等战略要地后，开始考虑他们的下一步作战计划。海军上将切斯特·威廉·尼米兹建议进攻台湾，将日军阻挡在菲律宾。这样盟军可以控制联系日本和南亚的海路，切断日本与它的南亚驻军的联系。道格拉斯·麦克阿瑟将军主张在菲律宾登陆，菲律宾也位于日本的生命线上，将菲律宾让给日本对美国来说是一个丢脸的事，而且麦克阿瑟 1942 年逃离菲律宾时曾经发誓重返故地。最后富兰克林·德拉诺·罗斯福作出最后决定，他决定在菲律宾登陆。日方对盟军的步骤也很清楚。联合舰队最高长官丰田副武制订了 4 个方案：捷 1 号作战方案是针对菲律宾的重大海军作战方案，捷 2 号作战方案是针对台湾的作战方案，捷 3 号和捷 4 号作战方案分别是针对琉球群岛和千岛群岛的作战计划。所有 4 个计划都是孤注一掷的、复杂的和大胆的行动计划，它们将日本所有的力量都投入一次决定性战役。

美国海军进攻菲律宾的登陆点在莱特岛。托马斯·金凯德海军中将的第 7 舰队的旧式战列舰以及护航航空母舰用于支持登陆部队。威廉·哈尔西海军上将的第 3 舰队航空母舰特混舰队用于掩护两栖作战并寻歼日本舰队。

1944 年 10 月 12 日，尼米兹的航母对台湾进行了一次空袭来保证那里的飞机无法介入在莱特岛的登陆。日本因此开始执行捷 1 号作战方案，一波又一波的飞机被投入对美国航母的战斗。在此后 3 天中，日本损失了 600 架飞机，这几乎是它大部分的空军力量。这使得它的海军基本丧失了空军保护，各种战舰挤满了莱特湾。按捷 1 号作战方案，小泽治三郎中将的机动部队应使用航母将美国第 3 舰队从其保护的登陆力量旁引走。美国登陆力量在丧失其空中掩护后将受到从西方开入的3支日本舰队的打击：驻扎在文莱的粟田健男中将率领第2舰队将进入莱特湾消灭盟军登陆力量，西村祥治和志摩清英中将的舰队组成第五舰队时作为运动攻击力量。这3支舰队没有航母和潜艇，完全由水面舰只组成。

二、战役过程

1944年10月20日，美军一支两栖部队进攻菲律宾群岛中部的莱特岛，这是莱特湾战役的开始。同一天，日军一支部队从莱特岛东南部进入阵地，美军的第7舰队的潜水艇发现日军第一攻击部队。粟田的舰队于10月24日进入莱特岛东北的锡布延海。在锡布延海海战中他受到美国航空母舰的攻击，“武藏”号战列舰被击沉。粟田调头撤退，美国飞行员以为他就此退出战场，但晚间他再次调头进入圣贝纳迪诺海峡并于清晨来到萨马岛。

西村中将的舰队于10月25日清晨3时进入苏里高海峡，正好撞到美军的作战舰队。在苏里高海峡海战中“扶桑”号战列舰和“山城”号战列舰被击沉，西村战死，他的剩余力量向西撤退。

哈尔西上将接到小泽的航空母舰舰队到达的消息后于10月25日派他的航空母舰追击，在恩加尼奥角海战中4艘日本航空母舰被击沉，小泽的剩余力量逃往日本。

栗田的舰队于10月25日清晨6时到达萨马岛。此时哈尔西正在追击小泽，在栗田的舰队和美国的登陆舰队之间只有3支美国护卫航空母舰和它们的驱逐舰组成的编队。在萨马岛海战中，美国驱逐舰绝望的鱼雷攻击和无情的空中攻击，以及天气的不利，使栗田以为他面临美军主力，因此他转身撤出战场。

整个海战可以分为4个不同的部分。

1. 锡布延海战

栗田最强大的“中央舰队”由5艘战列舰（“大和”号、“武藏”号、“长门”号、“金刚”号和“榛名”号）、10艘重巡洋舰、两艘轻巡洋舰和15艘驱逐舰组成。栗田的舰队企图突破圣贝纳迪诺海峡，攻击莱特湾内的登陆舰队。10月23日子夜后栗田的舰队经过巴拉望岛水域，他的舰队被美国潜艇“海鲫”号和“鲦鱼”号发现。虽然“大和”号上的电报员发现了两艘潜艇报告他们发现这支舰队的电讯，但日本舰队没有采取反潜行动。6时43分，“海鲫”号（SS-247）首先发动攻击，在1000米距离上对准重巡洋舰“爱宕”和“高雄”各射出6枚鱼雷，“爱宕”号中4雷沉没，“高雄”号中两雷重伤，6时56分“摩耶”号重巡洋舰被“鲦鱼”号命中4雷沉没。“高雄”号重巡洋舰被鱼雷击中，在两艘驱逐舰的保护下返回文莱。美国潜艇尾随着它，10月24日由于“海鲫”号搁浅被迫放弃。栗田将他的旗舰移到“大和”号上。

10月24日约8时，美国“无畏”号航空母舰上的飞机发现这支舰队进入狭窄的锡布延海。哈尔西命令集结第3舰队的3支航空母舰分舰队集中攻击栗田的舰队。从“无畏”号和“卡伯特”号航空母舰和其他航空母舰上起飞的共260架飞机约于10时27分开始不断攻击这支舰队。醒目的“大和”号和“武藏”号成为美军主要攻击的目标。“妙高”号重巡洋舰首先中弹，舰尾被命中一雷，负重伤返航。“武藏”号、“大和”号和“长门”号相继中弹，“武藏”号在6波攻击中被命中鱼雷19枚、炸弹17枚后沉没，“大和”“长门”均受伤，航速下降至24节，“金刚”“榛名”轻伤，轻巡洋舰“矢矧”中弹，驱逐舰“滨风”“清霜”受伤返航。由于己方缺乏航空掩护，15时30分栗田下令他的舰队转头开出美国航空母舰的攻击范围。他等到17时15分，然后再次转头开向圣贝纳迪诺海峡。他的舰队并无携带航空母舰。“普林斯顿”号被一枚穿甲炸弹击中起火。15时30分其后弹药库爆炸，当场有229人阵亡，236人受伤，其他附近船只也被损坏。17时50分“普林斯顿”号沉没。该分舰队负责向北边警戒任务，导致无暇派飞机搜索北方水域，16时35分小泽的诱饵舰队才被美军飞机发现。

2. 苏里高海峡海战

西村的南路舰队由战列舰“扶桑”号、“山城”号以及“最上”号重巡洋舰和4艘驱逐舰组成。10月24日他们遭到空袭，但未受伤。由于南路舰队和中路舰队严守无线电静默，西村无法与栗田和志摩协调他们的步骤。当他于2时进入苏里高海峡时，志摩在他后面约40千米，而栗田还在锡布延海，离莱特岛的海岸还有好几个小时。

他们刚刚开过帕纳翁岛就闯进了美国第7舰队为他们设置的圈套。杰西·奥尔登多夫少将的6艘战列舰（从西向东，分别是“宾夕法尼亚”号、“加利福尼亚”号、“田纳西”号、“密西西比”号、“马里兰”号、“西弗吉尼亚”号）、8艘巡洋舰（从西向东，分别是：“什罗普郡”号、“博伊西”号、“菲尼克斯”号，以上3

艘编成右翼巡洋舰群，面向南方；“哥伦比亚”号、“丹佛”号、“明尼阿波利斯”号、“波特兰”号、“路易斯维尔”号，以上5艘编成左翼巡洋舰群）、29艘驱逐舰和39艘鱼雷艇已经严阵以待。

由于美军缺乏在夜间作战的飞机，故只能用装备雷达的鱼雷艇来提供信息。20:50，美国鱼雷艇发现西村舰队，22:52—02:13期间，美军13个鱼雷艇分队分别向西村舰队发动鱼雷攻击，无一命中，美军鱼雷艇PT-493触礁沉没，但为第7舰队提供了大量情报。03:00，美军第54驱逐舰中队第一部分3艘驱逐舰在七八千米距离上向西村舰队发起鱼雷攻击，共射出27枚鱼雷，一枚鱼雷击中“扶桑”号中部，“扶桑”号即刻落伍，随之右回转后撤，8分钟后全舰失去动力。03:09，第54驱逐舰中队第二部分也发射了鱼雷，前导驱逐舰“山云”号首先中雷，随即发生大爆炸沉没，“朝云”号前主炮下方中弹，舰艏折断，航速下降至12节，战列舰“山城”号和驱逐舰“满潮”号相继中雷受伤，“山城”号前后被命中两枚鱼雷，中后部主炮无法工作，但仍坚持前进。落后的“扶桑”号中部燃料舱和3、4号主炮塔弹药舱发生大爆炸，舰体断裂，舰艏部分于04:20被击沉，舰尾部分在一个多小时后也沉没。战后谁也不知道“扶桑”号上发生了什么，因为全舰无一人幸免，阵亡人数在1400—1600之间。

03:50，美军战列舰、巡洋舰编队采用海军炮战经典战法，排成两列T字横队（战列舰在后，距离两万米，巡洋舰在前，距离1.4万米），用全正面交叉火力在雷达引导下共发射大口径主炮炮弹245发，巡洋舰发射炮弹4000多发。第56驱逐舰中队也对其进行鱼雷攻击，共命中鱼雷两枚，顷刻间，“山城”号剧烈燃烧并发生爆炸，舰桥崩塌，并于04:19沉没，西村中将以下除10人被美军救起外，其他均随舰葬身鱼腹（作为对比，整个海战西村舰队损失的战舰上，幸免的合计仅有26人)。“最上”号也中弹多处，其中防空指挥所被直接命中，舰长、副舰长、航海长等几乎所有的高级军官全部被炸死，只好由炮术长荒井大尉代理指挥。“时雨”号驱逐舰也有5处受创。志摩的“那智”号和“足柄”号重巡洋舰以及8艘驱逐舰到达战场。志摩以为他看到的那两段残片是西村的两艘战列舰的剩余（实际上它们是“扶桑”号的两段)，他认识到通过海峡是毫无希望的，因此下令转身撤退。在混乱中他的旗舰“那智”号与燃烧的“最上”号相撞，丧失机动能力而落后的“最上”号第二天被飞机击沉。志摩舰队在撤退过程中，受到美军舰载机的追击，轻巡洋舰“阿武隈”号和驱逐舰“不知火”号相继沉没。

苏里高海战是人类历史上最后一次发生在战列舰之间的海战，是海战史上组织最成功的战例之一。美军以一艘鱼雷艇为代价，获得了击沉两艘战列舰、一艘重巡洋舰、3艘驱逐舰、伤一艘重巡洋舰一艘驱逐舰的骄人战绩（轻巡洋舰“阿武隈”号和驱逐舰“不知火”号不作为战果统计)。

3. 恩加尼奥角海战

小泽的舰队有4艘航空母舰“瑞鹤”号、“瑞凤”号、“千岁”号、“千代田”号，由第一次世界大战时建造的战列舰改装成的两艘航空战舰“伊势”号、“日向”号，3艘巡洋舰“大淀”号、“多摩”号、“五十铃”号和8艘驱逐舰组成。“瑞鹤”号是最后一艘参加过珍珠港事件幸存至此的航空母舰。“日向”号和“伊势”号的后部炮塔被改成机库、跑道和起飞机构。但这两条船都没有带飞机。小泽一共只有108架飞机。一直到10月24日下午16时40分小泽的舰队才被发现。此时美军正在对付栗田的舰队和吕宋岛来的空袭。24日晚小泽获得了一份美国电报说栗田撤退了（这个消息是错误的)，但晚上8时丰田下令所有舰队继续进攻。

哈尔西看到他有机会消灭所有日本在太平洋上的航空母舰，这样美国可以毫无忧虑地进攻日本本土。他相信栗田已经在锡布延海战中被击退，因此他于子夜后带领所有的3队航空母舰和威利斯·李上将的战列舰开始追击小泽。虽然美国侦察机发现了栗田开向圣贝纳迪诺海峡，但哈尔西认为金凯德的第7舰队足以对付它，未加理会。

美国舰队的数量比日本舰队多得多。哈尔西拥有9艘航空母舰（“无畏”号、“大黄蜂”号、“富兰克林”号、“列克星敦”号、“邦克山”号、“黄蜂”号、“汉考克”号、“企业”号、“埃塞克斯”号）、8艘轻航空母舰（“独立”号、“普林斯顿”号、“贝勒伍德”号、“科本斯”号、“蒙特利”号、“兰格利”号、“卡伯特”号、“圣哈辛托”号）、6艘战列舰（“亚拉巴马”号、“依阿华”号、“马萨诸塞”号、“新泽西”号、“南达科他”号、“华盛顿”号）、17艘巡洋舰、64艘驱逐舰和1000多架飞机，但他将登陆点让给了几艘护卫航空母舰和驱逐舰。哈尔西被小泽的诱饵给引诱出来了。

10月25日早晨，小泽下令75架飞机起飞攻击美军，但这些飞机没有造成多少损失，大多数飞机被美国战斗机击落，少数飞往吕宋岛。哈尔西亲自率领第34特混舰队的战列舰急速前进，准备用大口径舰炮直接去对付小泽舰队前卫的战列舰以及在舰载机空袭中掉队的日舰。清晨，在还没有确定日军的精确位置的情况下，美军就起飞了180架飞机，直到7时10分侦察机才找到了北路舰队。8时美军战斗机摧毁了保护舰队的30架日军飞机，他们一共进行了857架次袭击，小泽舰队的航空母舰纷纷中弹（“千岁”号和“秋月”号驱逐舰沉没，“瑞鹤”号、“千代田”号和“多摩”号轻巡洋舰丧失机动能力）。小泽将他的旗舰改到“大淀”号轻巡洋舰上。

这时萨马岛战斗的消息传来。美军登陆军的情况紧迫，哈尔西下令南下，他只留下了两个航空母舰大队以及一小支由巡洋舰和驱逐舰组成的舰队来收拾小泽的残余船只。

下午在击沉几艘日本航空母舰后空袭集中在两艘改装的战列舰上，但它们密集的防空火力有效地抵挡了空袭。空袭一直持续到傍晚，小泽舰队作为诱饵的全部航空母舰（“瑞鹤”号、“瑞凤”号、“千岁”号、“千代田”号)、一艘轻巡洋舰(“多摩”号)、两艘驱逐舰(“秋月”号、“初月”号）被击沉。“诱敌部队”取得了出色的成功。由于通讯不畅，小泽发出诱敌成功的电报，栗田却没有收到。不过这再次使栗田的舰队免遭全军覆没。

4．萨马岛海战

萨马岛之役粟田舰队击沉美军两艘护卫航空母舰，3 艘驱逐舰，一艘护卫舰。日军损失 3 艘巡洋舰，3 艘主力舰受重创。

栗田的舰队于 10 月 25 日凌晨进入圣贝纳迪诺海峡，凌晨 3 时它们沿萨马岛的海岸向南进发，于黎明时分发现美国舰队。

金凯德中将有 3 支舰队来阻挡它，每支舰队由 6 艘护卫航空母舰和七八艘驱逐舰组成。每艘护卫航空母舰带有约 30 架飞机，一共有 500 多架。护卫航空母舰比较慢，装甲薄，对付战列舰它们没有多少胜算。

金凯德错误地以为威利斯·李的战列舰还守护在圣贝纳迪诺海峡，因此那里没有危险，但李被哈尔西调走，去对付小泽了。当日本舰队在萨马岛出现时美军大吃一惊。同时，哈尔西的舰队已经被诱敌战术调走，远离莱特湾，但是栗田对此却一无所知。栗田错误地将那些护卫航空母舰当作了美国的航空母舰舰队，他还以为整个美国第3舰队在他的457毫米炮口前呢。美国护卫航空母舰立刻向东后撤，希望坏天气可以影响日本炮的精确度，同时立即发报请求支持，甚至用明码发报。美国驱逐舰企图分散日本战列舰的注意力来取得时间。这些驱逐舰自杀般地对日舰发射鱼雷，吸引日舰火力。为了躲避鱼雷，日舰不得不打散自己的队形。“大和”号被两条平行的鱼雷逼迫背向而行，无法转身，怕被它们击中，这样损失了足足10分钟的时间。3艘美国驱逐舰和一艘护卫舰被击沉，其他受伤，但它们为航空母舰争得时间让它们的飞机起飞。这些飞机没有时间转装穿甲炸弹，因此它们只能带着它们正带着的弹药起飞（有时甚至是深水炸弹）。美军航空母舰继续南逃，而战列舰的炮弹不断在它们周围爆炸。一艘航空母舰被击沉，其他受伤。

由于栗田舰队未完成整编队形便发动进攻，加上美军驱逐舰的攻击将他的队形打破了，各战队散乱在广阔的海面上，他丧失了对战事的战术指挥，他的3艘重巡洋舰被集中的海上和空中的袭击沉没。栗田于9时20分下令北转整理队形。躲过栗田的舰队袭击的护卫航空母舰遭受的打击并没有结束，被“神风”特攻队自杀飞机击沉一艘，另两艘遭到重创。

不久栗田的舰队改变航向，驶往莱特湾。就在日本计划就要得逞的时候，栗田再次北转撤退。他感觉美军支持舰队正向他包围过来，因此他感觉参战的时间越长，他遭到美国强大空袭的可能性就越高。在不停地空袭下他向北，然后向西穿过圣贝纳迪诺海峡。往返航行300海里的第3舰队于26日日出后，派舰载机对栗田舰队的掉队舰只进行了袭击。

栗田舰队的“长门”号、“金刚”号和“榛名”号受重创。他带5艘战列舰进入战场，当他回到日本时，只有“大和”号还有作战能力。

三、战役结果

美方损失：航空母舰3艘（两艘为护航航母）、驱逐舰3艘、护卫舰一艘，飞机100余架，伤亡3000人，另有6艘航空母舰、一艘巡洋舰、4艘驱逐舰负伤。

日方损失：航空母舰4艘、战列舰3艘、巡洋舰9艘、驱逐舰8艘、潜艇7艘，飞机500架，另有3艘巡洋舰受重伤，伤亡约一万人。

莱特湾海战是太平洋战争中最后一次大海战，也是历史上最大的一次海战。这场海战消灭了日本的海军力量，除了陆上基地的飞机外，日本海军几乎已不存在了，美军取得了绝对的制海权。小泽在战后受审时说：“在这一战之后，日本的海面兵力就变成了绝对性的辅助部队，除了某些特种性质的船只以外，对于海面军舰已经是再无用场可派了。”此战严重削弱了日本海军联合舰队的实力，从此日本海军在太平洋战争中不再是一个战略力量。此战役也为后来美军成功攻下日占的菲律宾群岛打下基础。有海军历史学者认为莱特湾海战是历史上最大的海战。日本海军除了在保卫本土方面还能起点次要作用外，再也没有什么大作为了。在莱特湾海战中日本第一次有组织使用“神风”特攻队，由于在战役末期“神风”攻势起了一定的效果，所以“日军”自此开始大量使用“神风”战法。

23 胜利之门
——血战硫磺岛

◇ ……………………

太平洋地区联合情报中心于1945年1月10日推出硫磺岛战役情报报告。根据这份报告，硫磺岛上共有13500名日军。虽然航空侦察表明，从1944年秋季到这年初冬，日军在这一地区大量集结，可是联合情报中心的情报分析员仍然指出，“没有迹象表明日军守岛部队已经得到了加强”。事实上，日军自1944年7月马里亚纳群岛失守后，便开始大力加强硫磺岛的防御力量，截至1945年2月，日军在硫磺岛的陆军约1.5万余人，海军约7000余人，共约2.3万人，飞机30多架，以及大量的火炮等武器装备。

除了对日军兵力的误判，美军情报人员对硫磺岛复杂的地形也只字未提。高地、洼地和经过人工改造的天然的坑道洞穴成了日军天然的屏障。在战后报告中，联合情报中心这样描述美军一方的进攻："在进攻这些地点的时候，我们看不见日军，他们大多隐蔽在洞穴或者岩石的缝隙中，人员分布疏散，但是相互间间隔不大，在全岛形成连锁防御。"

毫无疑问，由于在这期间的情报失误，使美军为攻占硫磺岛这一小岛付出了巨大的代价。虽然这场血腥的较量也造就了许多美国英雄，但是，这种英雄的塑造模式是悲剧性的。

一、战役起因

自从美军1944年7月攻占马里亚纳群岛后，就开始建立航空基地，出动B－29重型轰炸机空袭日本本土。但马里亚纳群岛距日本本土将近1500海里，B－29进行如此长距离的空袭，由于受航程的限制，只能携带3吨炸弹，仅为B－29最大载弹量的30%。而且因为航程太长，战斗机无法进行全程护航，因此B－29只能在8000至9000米高度实施面积轰炸，效果很不理想。

硫磺岛北距东京650海里，南距马里亚纳群岛的塞班岛630海里，几乎正处在两地的中间，岛上的日军不仅可以向东京提供早期预警，而且可以起飞战斗机进行拦截，甚至还不断出动飞机攻击美军在塞班岛等地的机场，这大大降低了美军对日本本土战略轰炸的作用。硫磺岛对美军而言，简直是如鲠在喉。如果美军占领硫磺岛，那所有的不利都将转化为有利，从硫磺岛起飞的B－29航程将减少一半，载弹量则可增加一倍；战斗机如从硫磺岛起飞，可以为B－29提供全程伴随护航；甚至连B－24这样的中型轰炸机也能从硫磺岛起飞空袭日本本土；更重要的是硫磺岛还可作为B－29的备降机场，供受伤的B－29紧急降落或加油。因此美军对硫磺岛是势在必得！美陆军航空兵（即美国空军的前身）司令阿诺德上将于1944年4月17日向美参谋长联席会议提出攻占硫磺岛的请求，美参谋长联席会议随即同意这一请求，责成太平洋战区担负此项作战，太平洋战区总司令兼太平洋舰队总司令尼米兹上将为就近指挥，将其指挥部从珍珠港移至关岛。

由于日军的海、空军主力在菲律宾战役中遭到了毁灭性的打击，已无力为硫磺岛提供海空支援，所以硫磺岛的抗登陆作战要在几乎没有海空支援的情况下进行。粟林是出色的职业军人，曾担任过天皇警卫部队的指挥官，他意识到面对美军的绝对海空优势，滩头作战难以奏效，主张凭借折钵山和元山山地的有利地形，依托坚固的工事，实施纵深防御，但海军守备部队仍坚持歼敌于滩头。最后，粟林作出了折中的方案，以纵深防御为主，滩头防御为辅，海军守备部队沿海滩构筑永备发射点和坚固支撑点，进行防御；陆军主力则集中在折钵山和元山地区，实施纵深防御。

粟林决心将硫磺岛建成坚固的要塞，以折钵山为核心阵地，以两个机场为主要防御地带，在适宜登陆的东西海滩则是以永备发射点和坚固支撑点为骨干的防御阵地。日军的防御工事多以地下坑道阵地为主，混凝土工事与天然岩洞有机结合，并有交通壕相互连接。炮兵阵地也大都建成半地下式，尽管牺牲了射界，却大大提高了在猛烈轰击下的生存能力。火炮和通讯网络都受到良好保护。折钵山几乎被掏空，筑的坑道就有 9 层之多！针对美军的作战特点，粟林在海滩纵深埋设了大量地雷，机枪、迫击炮、反坦克炮构成绵密火力网，所有武器的配置与射击目标都进行过精确计算，既能隐蔽自己，又能最大限度杀伤敌军。唯一不足的是，原计划元山地区将修筑的坑道工事有 28 千米长，由于时间不够，当美军发动进攻时只完成了 70%，约 18 千米，而且折钵山与元山之间也没有坑道连接。粟林一改日军在战争初期的死拼战术，规定了近距射击、分兵机动防御、诱伏等战术，还严禁自杀冲锋，号召每一个士兵至少要杀死 10 个美军。粟林的这些苦心经营，确实给美军造成了巨大的困难，使硫磺岛之战成为太平洋上最残酷、最艰巨的登陆战役。

二、空袭轰炸

从1944年8月10日起，驻扎在塞班岛的美军航空兵就开始对小笠原群岛进行空袭，重点是硫磺岛的机场和为硫磺岛进行物资补给的中转地父岛的港口设施。从8月至10月，共进行过48次轰炸，投弹约4000吨，但收效甚微。

11月24日，塞班岛的美军首次出动B－29超级空中堡垒轰炸机对日本本土实施轰炸，引起了日军极大的恐惧，并随即作出反应，三天后即11月27日，硫磺岛上的日军出动了两架飞机空袭塞班岛美军B－29航空基地，击毁B－29 一架，击伤11架。随后的日子里，硫磺岛上的日军又多次组织对塞班岛美军航空基地的空袭，至1945年1月2日，已击毁B－29累计6架，严重威胁着美军B－29航空基地的安全。为压制硫磺岛日军飞机的袭扰，美军于1944年12月8日组织了一次海空协同突击，出动飞机192架次，其中B－29重轰炸机62架次，B－24中型轰炸机102架次、重巡洋舰3艘、驱逐舰7艘，共投掷炸弹814吨，发射203毫米炮弹1500发、127毫米炮弹5334发，这样猛烈的轰击，却并未彻底摧毁硫磺岛机场，仅仅起了短暂的压制作用。自这次海空协同突击后，美军在12月间又组织了四次类似的海空联合突击。

12月9日起，由黑尔少将指挥的第7航空队的B－24轰炸机只要天气允许，几乎每天出动对硫磺岛进行轰炸，塞班岛的B－29也不时加入对硫磺岛的轰炸。至1945年2月初，美军共出动舰载机1269架次，岸基航空兵1479架次，军舰64艘次，总共投掷炸弹6800余吨，发射大口径舰炮炮弹两万余发，其中406毫米炮弹203发，203毫米炮弹6472发，127毫米炮弹15251发。美军如此猛烈密集的火力轰击，由于日军的防御工事异常坚固，效果十分有限，对岛上两个机场也没能予以彻底摧毁，日军总能在空袭后迅速修复。而日军初步领略到了美军的火力，更加倾注全力修筑以坑道为骨干的防御工事。

最初，斯普鲁恩斯和尼米兹都认为攻占这样一个弹丸小岛，不会费多大力气，但看了对硫磺岛的空中侦察所拍摄的航空照片后，才知道在这个岛上极可能存在不同寻常的防御系统。史密斯中将仔细研究了航空照片后，表示这将是最难攻占的岛屿，并预计要付出两万人的伤亡。

2 月 16 日，美军航母编队出动舰载机 1000 余架次，分成数个攻击波对东京湾各机场进行攻击，由于天空中阴云低垂，攻击效果并不理想。

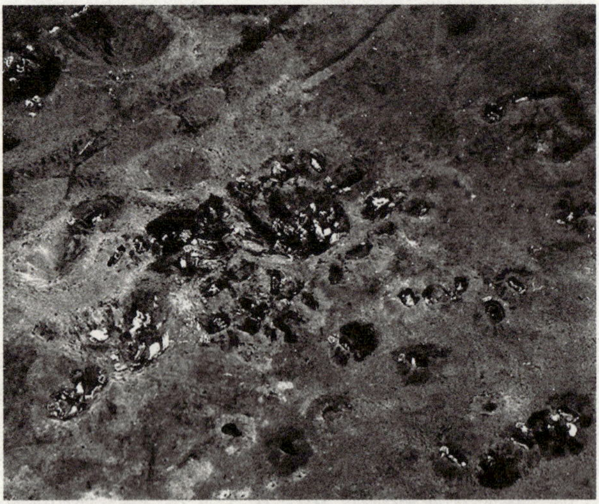

2 月 17 日，美军又出动两个攻击波舰载机 500 余架次，对关东地区的机场、飞机制造厂、锚泊船舶等目标进行了轰炸。两天里，美军在空战中击落日机 332 架，在地面上击毁日机 177 架，给一些机场、飞机制造厂造成了一定破坏。这次空袭的效果不是很大，但却极大地吸引了日军注意力。当天下午，美军航母编队离开日本外海南下，参加硫磺岛作战。

从16日至18日3天里，美军除了舰炮火力外，护航航母的舰载机也全力出击，有的进行空中掩护，有的进行反潜警戒，有的观测校正弹着，有的向日军阵地投掷燃烧弹，烧掉日军阵地的伪装，使之暴露出来，以便于舰炮将其消灭。而塞班岛的轰炸机也频频前来助战，对硫磺岛进行轰炸。这3天中，硫磺岛几乎完全被美军火力轰击的硝烟所淹没，日军只得退守在坑道里，无法活动。据统计，美军在登陆前共消耗炮弹、炸弹2.4余万吨，硫磺岛上平均每平方千米承受了1200吨，但日军凭借坚固的地下工事，损失轻微。

三、登陆开始

1945年2月19日6时，特纳率领的登陆编队到达硫磺岛海域，斯普鲁恩斯和米切尔指挥的航母编队也到达硫磺岛西北海域，此时，硫磺岛出现了少有的晴朗天气，天高云薄，微风轻拂。

9时整，部队准时开始登陆，一开始非常顺利，日军的抵抗十

分微弱，只有迫击炮和轻武器的零星射击。美军遇到的最大阻碍是岸滩上的火山灰。由于岸滩全是火山灰堆积而成，土质松软异常，履带登陆车全部陷在火山灰中，难以前进。后面的登陆艇一波接一波驶上岸，却被这些无法动弹的履带登陆车阻挡，根本无法抢滩登陆，艇上的登陆兵只好涉水上岸。见日军只有零星的轻武器射击，特纳甚至认为照此发展，只需 5 天就可占领全岛。但好景不长，登陆的美军才推进了 200 余米，日军等美军炮火开始延伸，栗林就下令从坑道进入阵地。根据事先早已测算好的数据，日军炮火准确覆盖了登陆滩头，一时间，美军被完全压制在滩头，伤亡惨重，前进受阻。

陆战 5 师因为比陆战 4 师晚了大约 20 分钟遭到炮击，而且炮火相对比陆战四师遭受的要弱，所以先头的 28 团 1 营得以利用这一机会，穿越岛的最狭窄部，切断了折钵山与其他地区日军的联系，2 营则随后向折钵山发起了攻击。陆战四师在日军猛烈炮火阻击下，几乎寸步难行。就在这危急时刻，美军的舰炮火力给了登陆部队以极其有力的支援。此次登陆，美军登陆部队每个营都配有舰炮火力控制组，能够及时召唤舰炮火力的支援，而空中的校射飞机也发挥了巨大作用，准确测定日军炮火位置引导舰炮将其消灭。可以说，在太平洋战争历次登陆战中，舰炮火力支援从没有像硫磺岛登陆战那样有效。在舰炮火力的大力支援下，美军登陆部队艰难向前推进。全天美军共消耗 127 毫米以上口径舰炮炮弹 38550 发，火力支援之强，史无前例。

日落时，美军已有 6 个步兵团、6 个炮兵营和两个坦克营共约 3 万人上岸，占领了宽约 3600 米、纵深从 650 米到 1000 米不等的登陆场。全天有 566 人阵亡，1858 人负伤，伤亡总数约占登陆总人数的 8%。就第一天的战况而言，还不算太糟糕，但随后的战斗将更为艰巨。

对岩洞中的日军，美军的火焰喷射器很有效。天黑后，美军害怕日军发动大规模夜袭，海面上的军舰几乎不间断地向岛上发射照明弹，将黑夜照得如同白昼。出乎意料的是，日军通常会在登陆的当天夜间发动的夜袭根本没有，除了一些小股日军的袭扰外，太平无事。这是因为栗林深知自己的实力，坚决不采取自杀性的冲锋。度过了第一个平安的夜晚后，迎接美军的将是更为残酷的战斗。

2 月 20 日，从凌晨开始，美军舰炮就根据登陆部队的要求进行火力准备。8 时 30 分，美军登陆部队发起了进攻，陆战四师在舰炮和坦克支援下，攻占了一号机场，并切断了岛南日军与元山之间的联系。机场刚刚被攻占，工兵就开始全力抢修，以便尽快能投入使用。陆战五师向折钵山攻击，由于日军很多工事都建在舰炮火力无法射击到的岩洞中，在坦克到来前，28 团几乎无法前进。最后在坦克掩护下，以手榴弹、炸药包、火焰喷射器逐一消灭岩洞中的日军，有时甚至出动推土机将洞口封闭，因此进展极为缓慢，直到黄昏，才总共前进了 180 米。

2月21日，岛上的激战仍在继续，进展十分有限。海滩勤务大队经过不懈的努力，解决了滩头的混乱局面，天气却愈加恶劣，海上风大浪高，严重影响了补给品的卸载。由于岛上的部队伤亡较大，作为预备队的陆战3师21团奉命上岛投入战斗。

2月22日，因大雨美军登陆部队被迫停止进攻，抓紧进行战地休整。由于3天来，美军在硫磺岛上阵亡、失踪人数已达1204人，负伤4108人，美国国内的新闻界甚至强烈要求“让陆战队喘口气——给日本人放毒气。”诚然，对付隐藏在坑道或岩洞中的日军，毒气既实用，又比火焰喷射器更为“仁慈”。尽管美、日两国都没有签署严禁使用毒气的《日内瓦公约》。但罗斯福总统和尼米兹都不愿违反公约，战后尼米兹承认，没有使用毒气完全是出于道义的考虑，结果使大量优秀的陆战队员付出了生命。

2月23日，美军陆战4师以二号机场为目标发起总攻，但在日军永备发射点、坑道、地堡和岩洞工事组成的防线前，推进极为缓慢，简直像蜗牛爬行。全天，只有右翼前进了约300米，左翼和中间几乎毫无进展。

四、步步艰辛

硫磺岛上的美军每前进一步，都要付出巨大的代价，战斗已经成为不折不扣的消耗。有时一整天只前进4米。惨重的伤亡甚至使军官们都没有勇气再将士兵投入战斗。在对岛上第二制高点382高地的争夺中，陆战4师屡屡陷入日军交叉火网，伤亡极其惨重，382高地因此被称为“绞肉机”，战斗部队的伤亡高达50%以上，有经验的连、排长和军士长伤亡殆尽，许多连队连长由少尉或上士担任，而排、班长大都由普通士兵担任。美军必须逐一消灭侧翼的日军阵地，解除侧翼威胁，才有可能向前推进，所以战斗异常残酷、激烈。直到3月2日，24团才攻上了高地，但所付出的伤亡是巨大的，有好几个连的官兵非死即伤，几乎全连覆没。

左翼的5师，攻击362高地的遭遇与4师在382高地如出一辙：刚攻上山头，侧翼日军立即以密集火力封锁美军的退路，再以纵深火力和凶猛的反击将攻上高地的美军尽数消灭，美军死伤枕藉，却毫无收获，只得先消灭最突出部的日军阵地，再步步为营艰难向前推进。日军早已掌握了美军的攻击程序，先是航空火力准备，再是舰炮火力轰击，接着是地面炮火射击，最后才是步兵冲击，所以日军总是在坑道里躲过美军的炮火，再进入阵地迎击步兵的进攻，美军一次又一次的攻势都落空了。美军饱尝失利的滋味，终于痛定思痛，改变战术。3月7日拂晓，美军没有进行任何炮火准备，借助黎明前的黑夜，悄然接近日军阵地，突然发起冲击，打了日军一个措手不及，一举攻占了362高地。

陆战队员的巨大牺牲并没有白费。3月3日，就有一架C-47运输机在硫磺岛的一号机场降落。次日一架在空袭日本本土时受伤的B-29在硫磺岛紧急降落，硫磺岛的价值已经开始得到了体现。

3月7日，美军发动总攻，担负中央突破的陆战3师势如破竹，进展神速，遇到难以克服的日军阵地就设法绕过去，继续向前推进，尽管给后续的陆战4师、5师留下不少“钉子”，但3师突破了日军的防线，并于两天后攻到了西海岸，占据了一段约800米长的海岸，将日军分割为两部分。陆战3师21团1营最先杀到西海岸，作为战绩的证据，营长在一个军用水壶里装满了海水，贴上“只供检验不得饮用”的标签，派人送给师长厄金斯少将。

3月9日美军占领了尚未完工的三号机场。粟林中将得知美军突破了防线将日军一分为二时，立即组织部队进行反击。他深知美军火力强，正面进攻难以奏效，所以进行的是夜间渗透反击。他命令部队尽可能穿越美军的防线，渗透到美军后方重新打通两翼联系。美军发现了日军的行动，发射的照明弹将黑夜照得如同白昼。许多日军越过了美军的前沿防线，有的甚至渗透距离达1600米，但美军预备队和后方勤务人员，依托工事顽强抗击，给予反击的日军重大杀伤。天亮时，日军的反击被彻底粉碎，伤亡至少1000人，徒劳无功，反而损失了大量有生力量，给以后的作战带来极为不利的影响。

3月10日，陆战3师将日军防线截为两段后，随即开始向两面扩张战果，9团向东，21团向西，分别策应陆战4师、5师的攻击。尽管日军的防御态势已经相当不利，但日军仍依托工事死战不退。陆战5师面对的是由栗林直接指挥的部队，遭到的抵抗更为激烈，伤亡超过75%，许多战斗部队失去了战斗力，师部的文书、司机甚至炊事员等勤杂人员都投入了战斗。3师、4师的伤亡也很严重。鉴于这种情况，陆战4师师长克利夫顿·凯兹少将向栗林和硫磺岛日军中战斗力最强的第145联队队长池田大佐发出劝降信，信中首先向他们的无畏精神和英勇作战表示了尊敬，接着说明了他们目前无法取胜的处境，最后要求他们指挥所属部队停止抵抗，美军将根据《日内瓦公约》保证投降的日军受到人道待遇。但劝降信如同石沉大海，没有回音。

3月16日，东北部的800余日军被歼灭，美军于当日18时宣布占领硫磺岛，但战斗仍在继续，栗林指挥残部依然在抵抗，有时战斗还相当激烈。陆战3师师长厄金斯少将找到两名日军战俘，给了他们很多干粮，还配备了一部最新式的报话机，然后让他们给栗林和池田带去劝降信。这两名战俘将劝降信设法交给了池田的传令兵，但到了规定的时间期限，日军仍未投降，这两名战俘为美军的人道主义待遇所感动，竟留在日军防线里，通过报话机为美军炮火指引目标，一直到18日才返回美军战线。

3 月 21 日，天皇晋升粟林为大将军衔，以表彰他的英勇作战。

从 16 日美军宣布占领硫磺岛后又经过整整一周的激战，24 日美军才将残余的日军压缩在岛北部约 2100 平方米的狭小范围里。粟林于当晚焚毁了军旗，发出了最后的诀别电报，然后销毁密码，准备实施最后的决死反击。

3 月 25 日，粟林派人设法通知岛上每一个人，于夜间携带武器在三号机场附近的山区集合。

3 月 26 日凌晨，粟林忠道亲自率领约 350 名日军向二号机场的美军发起了最后反击，许多美军在睡梦中被杀。天亮后，美军组织扫荡，四处追杀这股残余日军，激战 3 小时，将这股日军大部歼灭，日军仅遗留在美军阵地前的尸体就有 250 具，粟林负伤后在岛上剖腹自杀，美军伤亡 172 人。美军于当天 8 时宣布硫磺岛战役结束，但残余日军的战斗一直持续到 4 月底。

五、战役胜利

此次战役中，海军陆战队的伤亡之高也是其在太平洋战争中绝无仅有的。战后，尼米兹对参加过硫磺岛战役的陆战队员给予了高度的赞扬："在硫磺岛作战的美国人，非凡的勇敢是他们共同的特点!"

美军还有1艘护航航母被击沉，航母、登陆兵运输舰、快速运输舰、中型登陆舰、扫雷舰、运输船各1艘、坦克登陆舰两艘被击伤。

美军为攻占硫磺岛所付出的人员伤亡比日军还多，这是太平洋战争中登陆一方的伤亡超过抗登陆方的唯一战例。日军在失去海、空支援，又没有增援补给的情况下，以地面部队凭借坚固而隐蔽的工事，采取正确的战术，进行了顽强的抵抗，使美军原计划5天攻占的弹丸小岛，足足打了36天，并付出了惨重的人员伤亡。美军在此次作战中唯一闪光之处就是舰炮支援比较得力，共发射各种口径炮弹30余万发，计1.4万吨，取得了较好的效果，有力支援了登陆部队的作战。

但美军的巨大代价很快就得到回报。当美军登陆后，工兵部队就上岛抢修扩建机场，至4月20日，上岛的工兵部队已有7600人，将一号机场跑道扩建为3000米，二号机场的跑道扩建为2100米，不仅进驻了战斗机部队，还成为美军B－29轰炸机的应急备降机场。美军战斗机部队进驻硫磺岛后，其作战半径就覆盖了日本本土，能有效掩护轰炸机对日本本土的战略轰炸，使对日轰炸愈加频繁和激烈，并将轰炸效果提高了一倍以上，大大加速了日本的崩溃。硫磺岛上的应急备降场至战争结束，累计共有2.4万架次受伤或耗尽燃料的B－29在此紧急降落，从而挽救了这些飞机上2.7万名空勤人员。

硫磺岛，不仅使美军获得了轰炸日本本土的重要基地，还打开了直接攻击日本本土的通道。

而美军在硫磺岛的惨重伤亡，也使美军的高层意识到如果进攻日本本土，一定会遇到比在硫磺岛更顽强的抵抗，美军的伤亡将会更惨重。因此，日后美国对日本使用原子弹，很大程度上是出于担心在日本本土登陆将会遭到硫磺岛那样的巨大伤亡。

24 破门之战
——冲绳岛战役

◇ ……………………

1945年6月19日，牛岛在编号第89的山洞坑道里向东京发出了最后的诀别电，然后指示部下做最后的决死进攻。6月22日，美军突破日军的最后防线，攻到了冲绳岛最南端的荒崎，并将残余日军分割成3部分。日军都很清楚，末日就要到来了，在坑道里，卫生兵给伤员注射大剂量的吗啡，使他们平静地死去。盖格乐观地宣布已经肃清了岛上日军有组织的抵抗。

一、理想跳板

冲绳岛为琉球群岛的第一大岛，位于日本本土和中国台湾之间，北距九州630千米。北部多山，南部主要是丘陵地，有机场、港湾多处，是日本本土的南部屏障。1945年年初，美军占领吕宋岛及硫磺岛后，为掌握整个琉球群岛的制海权和制空权，建立进攻日本本土的基地，决定攻占冲绳岛。冲绳岛因其在日本本土防御中的重要战略位置，被称为日本的“国门”，因此冲绳岛登陆战就被称作“破门之战”。

美军占领菲律宾后，冲绳在日本本土防御中的地位更加突出。对于日本而言，冲绳岛一旦失守，本土、朝鲜以及中国沿海地区的制海权、制空权将悉数丧失，日本赖以维持生存的通往东南亚的海上交通线将被彻底切断。因此日军大本营判断美军在进攻日本本土之前，必先在冲绳岛登陆，所以日军对冲绳的防御极其重视。自1944年7月马里亚纳群岛失守后，就开始重点加强冲绳岛的防守兵力和防御工事。

至1945年1月，日军在琉球群岛守备兵力为第32军，共辖有4个师团和5个旅团，以冲绳岛为防御重点，由第32军军长牛岛满中将亲自指挥第9、第24、第62师团和独立第44旅团进行防御。为确保冲绳岛的防御，日军大本营于1945年3月制订了代号为“天号作战”的航空兵决战计划，集中了陆、海军总计达2990架作战飞机，其中自杀飞机1230架，分别部署在台湾、琉球和九州等地区，准备在美军登陆冲绳岛时对美军舰队和运输船只实施猛烈突击，配合岛上的第32军粉碎美军的登陆。

当美军确定不进攻台湾后，冲绳岛就成为美军进攻日本本土最理想的跳板。早在1944年10月，美国参谋长联席会议就向太平洋战区下达了攻占冲绳岛的指令，遵照这一指令，太平洋战区总司令尼米兹就立即开始组织有关人员筹划这一战役。

参加此次作战计划制订工作的有第5舰队司令斯普鲁恩斯海军上将、太平洋战区两栖部队司令特纳海军中将、陆军第10集团军司令巴克纳中将、布兰迪海军少将、赖夫斯奈德海军少将和霍尔海军少将等。1945年1月3日，美军参谋长联席会议批准了冲绳岛作战计划，2月9日又批准了具体的登陆计划。登陆日期最后确定为1945年4月1日。

二、挥师东进

为了彻底消除来自日本本土的空中威胁，美军第5舰队的主力航母编队第58特混编队，经十天的短暂休整，由编队司令米切尔指挥于3月14日从乌利西基地出发，前往攻击日本本土，第5舰队司令斯普鲁恩斯以“印第安纳波利斯”号重巡洋舰为旗舰，随同编队行动。

3月18日，第58特混编队到达距九州东南约90海里处，从凌晨开始出动舰载机对九州各机场进行突击。日本海军第5航空舰队司令宁桓缠海军中将虽然接到待美军登陆编队出现时再出击的命令，但他认为如果不进行反击，任凭美军轰炸的话，他的航空兵力都将被消灭在地面上，因此仍下令出击。双方的飞机在空中交错而过，美军飞机在九州上空只遭到了轻微抵抗，但机场上基本没有飞机，战果很小。而在美军攻击日军机场的同时，193架日机也对美军舰队发起了攻击，“企业”号航母中弹一枚，一架日军自杀机在“勇猛”号航母舷侧被击中爆炸，碎片落到航母的机库甲板，引起大火，舰上水兵死两人，伤43人，“约克城”号航母也被击伤，舰体被炸开两个缺口，水兵死5人，伤26人。所幸3舰伤势都还不重。日机则损失161架。3月19日，美军航母编队出动了近千架舰载机对吴港、大阪和神户的飞机制造厂和九州、四国等地的机场进行轰炸，日军第5航空舰队也出动飞机反击。

在18、19日两天的突击中，美军损失舰载机116架，有一艘航母遭到重创，4艘航母和一艘驱逐舰被击伤，在空中和地面上共消灭日机528架，炸沉炸伤日舰22艘，并对九州地区的飞机制造厂和航空基地造成了较大的破坏，使九州地区的日军航空兵在此后的两周时间里无力组织大规模行动。

3月20日，天气转雨，第58特混编队南撤，日军因航空兵力损失严重，所剩无几，只以少数飞机进行了零星袭扰，有一架自杀飞机撞伤了一艘驱逐舰。3月22日，第58特混编队与后勤支援大队的补给船只在海上会合，进行了海上补给，补充粮、弹、油。3月26日拂晓，到达先岛群岛主岛宫古岛以南100海里处，随即出动舰载机对岛上机场实施突击，共同对先岛群岛和台湾北部的机场进行压制性轰炸。经过数天空袭给予日军在这一地区的航空兵力和机场设施造成了严重损失。至此，在美军登陆编队到达冲绳岛海域前，第58、第57特混编队就已经有效地削弱了日军在冲绳群岛北南两个方向的航空兵力，进一步孤立了冲绳岛守军。

3月23日，布兰迪海军少将指挥由18艘护航航母、15艘驱逐舰、19艘护卫舰、70艘扫雷舰以及一些炮艇、猎潜艇等小型舰艇组成的第52特混编队，其任务是对登陆作战实施支援，也被称为两栖支援编队，开始对冲绳岛接近航道进行扫雷，护航航母则出动舰载机对冲绳岛、庆良间列岛日军进行轰炸，以掩护扫雷行动。

三、地面战斗

冲绳岛上的地面战斗在4月8日前一直比较顺利。4月4日美军陆战1师和陆战6师攻占中部地区，将日军分割为南北两部分后，美军就兵分两路，海军陆战队第3军向北，第24军向南，逐步推进。北面的第3军在到达冲绳岛颈部前，只遇到微弱的抵抗，直到4月8日才开始遇到日军顽强抵抗，至18日将北半部日军基本肃清。陆战1师到达有铭湾，陆战6师则到达最北面的边户崎，并于4月21日全部占领冲绳岛北部地区。

4月16日，攻占庆良间列岛的第77师在冲绳岛西面的伊江岛登陆，经过5天的战斗，于21日将该岛占领。

但陆军第24军对南部地区的进攻却非常艰难，因为日军在冲绳岛的主力就部署在南部，而且充分利用悬崖峭壁、深沟高谷等险峻地形构筑起坚固隐蔽的防御工事，所以美军进展极其缓慢。牛岛原本在大本营的一再督促下，准备于4月8日发动对机场的总反击，但在4月7日下午发现那霸附近海面有美军数百艘舰船活动，牛岛担心美军会从反击部队的侧后实施登陆，加上他本来对这次反击就不积极，正好以此为借口取消了反击，而将全部兵力用于依托工事进行坚守防御，这给24军造成了很大困难。

4月9日，由于24军遭到了顽强抵抗，推进严重受阻，美军只得将留船预备队第27师投入南线作战。4月13日，星期五，黑色的日子，美国总统罗斯福在佐治亚州温泉逝世。美军上至上将司令，下至普通一兵，无不感到震惊和悲痛。尼米兹以太平洋战区全体官兵的名义向罗斯福夫人发去了唁电。日军乘机大做文章，大肆散播题为“美国的悲剧”的传单，声称特攻作战将击沉美军所有战舰，并使无数人成为孤儿。日军大本营急不可耐，催促牛岛抓住时机发动反击。在大本营的一再命令下，牛岛发动了反击，但他并没有按照大本营的指示投入全部力量，而是保留了相当部分的兵力，只投入了部分兵力对嘉数高地的美军进行反扑。日军先以敢死队员怀抱炸药采取自杀攻击方法炸毁美军坦克，再对失去坦克掩护的美军步兵发起冲锋。美军在日军冲击下，节节败退，死伤将近5000人，全凭后续部队的重炮和海、空优势火力才将日军攻势遏制。4月19日，美24军3个师从那霸以北约6.5千米处发动大规模进攻，5时40分，海军的6艘战列舰、6艘巡洋舰和8艘驱逐舰先对日军阵地进行猛烈炮击；6时，陆军27个炮兵营对日军阵地进行了长达40分钟的炮击，共发射了1.9万发炮弹；接着海军和陆战队的650架飞机也对日军阵地实施了航空火力准备，投下大量的炸弹和凝固汽油弹。在这样猛烈持续的火力打击后，24军发起了进攻，但日军利用坑道躲避美军的轰击，当美军炮火开始延伸地面部队展开攻击时，才进入阵地迎战，因此美军的攻势一次次被瓦解。日军充分显示了其顽强的战斗意志，每一个山头，每一个碉堡，每一个坑，甚至每一块岩石，美军都必须经过多次血战，才能夺取下来，激烈的战斗整整进行了5天，美军的进展总共也不过数米。

美军推进至日军主要防线约4500米前，双方陷入僵持，巴克纳乘机调整部署，将北部的陆战1师和陆战6师调到南线，而将南线的第27师调到北半岛，接替两个陆战师的防务；攻占伊江岛的第77师接替96师，投入南线；96师则休整10天，再替换第7师休整。美军完成调整后，以4个师展开攻击，采取两翼包抄战术，迂回夹击日军主要防线，以加快作战进程。4月24日，美军终于取得了进展，克服了日军的顽强抵抗，突破了牧港防线。

5月4日，牛岛见美军步步进逼，为争取主动，一反其一直以来所坚持的坚守防御方针，发动了孤注一掷的总反攻，以部分兵力由驳船运送到美军战线后方海岸实施登陆，配合主力从正面发动的攻击。但由于得不到海、空军的有力支援，登陆部队在航进途中被美军发现，随即遭到驱逐舰和地面炮火的轰击，还未上岸就被消灭了，而正面主攻部队一离开坚固隐蔽的防御工事，立即遭到美军优势炮火的集中轰击，不到24小时反攻就被粉碎了。牛岛这次反击得不偿失，损失了大量人员，消耗了大量的弹药，尤其是消耗的弹药难以补充，使日军的弹药储备接近枯竭，牛岛不得不下令节省弹药，每门炮平均每天只有10发炮弹，严重影响了日后的作战。如果牛岛不实施这次反击，那么反击中损失的人员、弹药可以在坚守防御中坚持更多时间，给予美军更大的杀伤。

四、最后抵抗

5月8日，纳粹德国宣布战败投降，冲绳海面的每一艘美军军舰向日军阵地发射3发炮弹，以示庆贺。美军投入了新型的喷火坦克和重型坦克，冒着日军的枪林弹雨，碾压日军的战壕，冲入日军的阵地，喷火坦克将凝固汽油射入日军隐藏的山洞和坑道，日军终于支撑不住，其防线逐渐被突破。但牛岛随即在夜色和烟雾掩护下，悄然组织部队有序地撤往下一个防线。因此战斗发展成这样一种模式：日军先是凭险死守，接着美军在猛烈火力支援下取得突破，日军后撤到下一道防线再死守，如此周而复始，日军防区逐渐缩小。美军于5月27日攻占了那霸，并继续向冲绳岛的首府首里城攻击前进。5月31日，美军终于取得了重大进展，突破了日军核心防御地带首里防线，海军陆战队攻入了已是一片废墟的首里城。第10集团军司令巴克纳满心喜悦以为冲绳首府被占领，意味着战斗即将结束，但他的想法大错特错了，日军困兽之斗反而更加疯狂！牛岛率余部后退了约10千米，退到岛南端精心准备的最后防线。这是由两座山峰构成的天然屏障，地势崎岖险峻，日军充分利用地形，筑有巧妙隐蔽的炮位和坑道工事，牛岛决心以此为依托，战至最后一兵一卒。因此日军的抵抗丝毫没有减弱，美军主要依靠喷火坦克开路，不少浑身着火的日军冲出阵地，抱住美军士兵同归于尽，美军前进每一米依然非常艰难。面对日军更加疯狂的抵抗，美军还以更猛烈的炮火，美军的海陆空密集火力对日军据守的岛南部几平方千米地区进行了最猛烈的轰击，日军虽然只剩下3万余人，大炮也损失过半，弹药更是所剩无几，但仍是死战不退。6月3日，哈尔西急于从被动挨打的冲绳海域脱身，一面在冲绳群岛各岛屿设立雷达站，形成早期预警雷达网；一面从菲律宾调来了部分海军陆战队航空兵的战斗机部队，进驻冲绳岛机场。然后亲率第38特混编队北进，袭击日军在九州地区的航空基地。

6月4日，美军陆战第6师的两个团在那霸西南的小禄半岛登陆，迂回攻击日军侧背。6月5日，台风席卷日本九州海域，美军第3舰队遭到了严重损失，有32艘舰船受创，142架飞机损毁。为此哈尔西受到了军事法庭的调查，由胡佛将军主持的军事法庭认为哈尔西违反了舰队在遇到大风暴时如何处置的相关规定，对这次损失负有责任，建议将其撤职或勒令退役，但尼米兹认为哈尔西是民族英雄，如果在战役尚未结束时就被撤去职务，会挫伤美军的士气，长日军的志气，因此没有对他进行处分。

6月8日，美军第38特混编队再次北上，空袭日军在九州地区的航空基地，随后哈尔西将希尔指挥的登陆编队留在冲绳海域，以编队中的护航航母舰载机协同海军陆战队和陆军航空兵，保护登陆滩头和运输船只，自己率领第38特混编队返回莱特湾。当第38特混编队于6月13日到达莱特湾时，这支英雄的部队已经在海上战斗了整整92天！现在将在莱特湾做短暂的休整，为7月间向日本本土发动最后一击做准备。

6月17日，美军又投入预备队陆战第2师，该师一个团在冲绳岛南端的喜屋武岬附近登陆，协同正面和侧翼友军围歼日军。此时日军的局势已十分被动，遭到全歼只是时间问题了，为了避免不必要的伤亡，巴克纳用明码电报和广播向日军劝降，牛岛根本不为所动，以枪炮射击作为答复。

五、战斗结束

6月23日凌晨4时，牛岛知道美军即将占领他所在的摩文仁坑道，他脱下军装，换上和服，与身边的参谋一一干杯，喝完了最后的诀别酒，然后剖腹自杀。他的参谋长追随他剖腹自杀，还有一些军官也随之集体自杀，日军有组织的抵抗才告平息，而零星日军的抵抗仍在继续，清剿残余日军的工作一直持续到6月底。7月2日，尼米兹宣布冲绳战役正式结束。

冲绳战役，从3月18日美军航母编队袭击九州开始，至6月22日冲绳岛战斗基本结束，共历时96天，其中在冲绳岛上的激烈战斗就有82天之久。日军包括“大和”号战列舰在内的16艘水面舰艇和8艘潜艇被击沉，约4200架飞机被击落击毁，日军在冲绳岛上的约10万守军，除9000余人被俘外，其余全部被歼，冲绳岛的平民有7.5万人死伤。美军有32艘舰船被击沉，368艘被击伤，其中有13艘航母、10艘战列舰、5艘巡洋舰和67艘驱逐舰遭到重创，损失舰载机763架，阵亡约1.3万人（陆军4600人，海军4900人，海军陆战队3400人），受伤3.66万人（陆军1.81万人，海军4900人，海军陆战队1.36万人），另有2.6万人的非战斗伤亡。此役是美军在太平洋战争中伤亡最大的战役，因此英国首相丘吉尔认为冲绳战役将以史诗般的战斗，列入世界上最激烈、最著名的战斗而流传后世。鉴于在战役中所付出的惨重伤亡，美军没有举行大规模的庆祝活动。

美军以如此巨大的代价，攻占了冲绳群岛，打开了日本本土的西南门户，取得了进攻日本本土的海、空基地，为在日本本土登陆作战创造了有利条件。

25 帝国覆灭
——柏林战役

◇ ....

29 日凌晨 1 时，希特勒宣布与等了他 12 年的爱娃·布劳恩举行婚礼。婚礼之后，希特勒口述了他的遗嘱，指定海军元帅邓尼茨为他的接班人，他决定自杀并希望他们夫妇的遗体在总理府进行火化。30 日下午 3 时 30 分，希特勒与结婚才一天的妻子在地下暗堡的寝室里双双服毒自杀，并且，希特勒在服毒的同时，还举枪对自己的太阳穴扣动了扳机。接着，戈培尔等人将希特勒和爱娃的遗体抬到总理府花园的一个弹坑里，浇上汽油进行火化。

一、战前态势

1945 年春，苏、美、英、法四国军队已在德国本土作战。苏军距柏林仅 60 千米，准备给德军以最后歼灭性打击。美、英军的先头部队则已前出到易北河，距德国首都 100—120 千米。4 月中旬，列宁格勒方面军（司令为苏联元帅戈沃罗夫）在同德军库尔兰集团作战；白俄罗斯第3方面军（司令为巴格拉米扬大将）肃清了东普鲁士集团；白俄罗斯第2方面军彻底歼灭了格丁尼亚地域德军集团残部，其一部兵力在但泽（格但斯克）西北前出到波罗的海沿岸；白俄罗斯第1方面军抵达奥得河，在屈斯特林地域夺占数个登陆场，并于粉碎德军波美拉尼亚集团后着手变更部署，以占领施韦特至大加斯特罗泽一线；乌克兰第1方面军在大加斯特罗泽至彭齐希间逼近尼斯河，并在诺伊施塔特、拉蒂博尔地段逼近捷克斯洛伐克边境；乌克兰第4方面军（司令为叶廖缅科大将）进抵拉蒂博尔—日利那一线；乌克兰第3（司令为苏联元帅托尔布欣）、第2方面军（司令为苏联元帅马利诺夫斯基）于4月13日攻占了维也纳。

德军主力此时仍集中对付苏军。至4月16日前，在苏德战场作战的共有214个师（其中34个坦克师、15个摩托化师），又14个旅。而当时对美、英军作战的只有60个人员装备不齐的德国师，包括5个坦克师，仅有约200辆坦克。防守柏林方向的是G·海因里希上将指挥的“维斯瓦”集团军群（辖坦克第3集团军、第9集团军），舍尔纳元帅指挥的“中央”集团军群所属坦克第4集团军、第17集团军（总计48个步兵师、9个摩托化师、6个坦克师以及许多其他部队和兵团，共约100万人、火炮和迫击炮10400门、坦克和强击火炮1500辆、作战飞机3300架）。陆军总部预备队有8个师。此外，在柏林市还组建了200多个国民突击队营，守军总兵力超过20万人。德军在柏林方向的防御是重兵密集的纵深防御，包括奥得河——尼斯河地区及柏林防御地域：奥得河——尼斯河地区构筑三道防御地带，纵深20—40千米；柏林防御地域包括外层、内层和市区三道环形围郭。在屈斯特林登陆场之前和科特布斯方向，防御工事尤为坚固，这里集中了最强的军队集团。屈斯特林登陆场当面之德军每3千米正面一个师，每一千米正面60门火炮、17辆坦克。德军统帅部采取了各种措施，阻止苏军夺取柏林。而盟国也想抢占柏林，尽管反希特勒同盟各大国就柏林划归苏军作战区已达成协议，英、美两国政治军事首脑急欲使其军队先于苏军进占柏林。但英、美军要完成此项任务却力不从心，于是盟军统帅部放弃了这项行动计划。

苏军最高统帅部在准备对德军的最后一战——强击柏林时，严守反希特勒同盟各国商定和宣布的迫使德国在政治、军事和经济上无条件投降的政策。苏军计划以三路进击柏林：以朱可夫元帅指挥的白俄罗斯第1方面军作为最强大的集团和攻击的先头部队突破奥得河东、西两岸防线和附近若干地段，从东面攻击。以科涅夫元帅指挥的乌克兰第1方面军前出到尼斯河东岸的南部直到苏台德山麓，从南面攻击。以罗科索夫斯基元帅指挥的白俄罗斯第2方面军前进到奥得河下游，从北面攻击。

二、进逼柏林

4月16日清晨，战斗以炮击揭幕，数以千计的大炮和喀秋莎火箭炮开始炮轰德军阵地，炮击持续了数天之久。日出前，白俄罗斯第1方面军越过奥得河展开攻击。同日清早，乌克兰第1方面军也越过尼斯河展开攻击。白俄罗斯第1方面军虽然军力强大，但分配给它的任务比较困难，更要面对大部分德军。

白俄罗斯第1方面军的进攻一败涂地。海因里希已预料到红军进攻，早于红军炮击前已经把第一道防线的兵力撤回。红军原本有意用143盏探射灯的灯光扰乱德国守军的视线，却因为早晨的浓雾而分散，反而让德军看清楚红军的编队。而沼泽地亦妨碍了红军的攻势，还使其暴露在德军炮火之下，红军死伤枕藉。缓慢的推进令朱可夫感到挫败，他收到斯大林的命令，把原本计划直至有突破性进展才动员的后备军也投入战斗。到傍晚时，红军前进了大概 6 千米并取得一些地区，但德军防线仍然原封未动。

当朱可夫的白俄罗斯第 1 方面军推进到泽洛夫高地时，却遭到德军的顽强抵抗，德军凭借有利地形，顽强扼守每一条战壕、每一个散兵坑，给予苏军很大的杀伤。朱可夫不断增加突击力量，并将两个坦克集团军投入战斗，但几次进攻都被德军打退。4 月 17 日晨，朱可夫集中了方面军的几乎所有炮火，在猛烈的炮火准备后，近千辆坦克排成一列纵队向前推进，前面的一批坦克被击中起火，后面的顶走它继续前进。苏军士兵高喊着口号向前冲击，前面的倒下了，后面的接着往上冲。此时防守在高地上的数师德军已是强弩之末，最终经受不住苏军狂潮般的冲击，开始向柏林市区方向退却，4 月 18 日晨，苏军终于攻占了泽洛夫高地，歼灭守敌近 3 万人，并继续向柏林城挺进。20 日晨，白俄罗斯第 1 方面军先头部队第 3 突击集团军在库兹涅佐夫上将的率领下，抵达柏林近郊，使整个柏林城市区处于其榴弹炮和加农炮的射程之内。20 日下午 1 时 30 分，苏军的地面炮兵群首次向柏林城内轰击。

南面科涅夫的乌克兰第1方面军强渡了尼斯河后，突破了德军在尼斯河的防御地带，尔后强渡了斯普雷河，前进了30千米。当朱可夫的部队在泽洛夫高地受阻时，乌克兰第1方面军的各坦克集团军首先从南面向柏林突击，至4月20日夜间，第3坦克集团军突入柏林市南郊，第4坦克集团军也突进柏林市西南郊。

北面罗科索夫斯基的白俄罗斯第2方面军于4月18日发起进攻，至19日强渡了东奥得河，牵制住了柏林以北地区的德军“维斯瓦集团军群”的兵力。

至此，德军在奥得河——尼斯河的防御体系被苏军突破，苏军3个方面军昼夜不停地向前突进，开始对柏林实施合围。至4月24日，白俄罗斯第1方面军左翼部队与乌克兰第1方面军在柏林东南会合，切断了德军第9集团军与柏林的联系，并合围了该集团军。4月25日，白俄罗斯第1方面军从北面迂回柏林的部队与乌克兰第1方面军第4坦克集团军在柏林以西会合，从而完成了对柏林的合围。柏林以北地区的德军集团，也遭到白俄罗斯第2方面军和白俄罗斯第1方面军右翼部队的夹击，处境十分困难。同日，乌克兰第1方面军所属近卫第5集团军西进到易北河，在托尔高地与西线美军第1集团军会师。

三、市区激战

鉴于苏军已兵临柏林城下，希特勒决定德军统帅部撤离柏林，他本人则留下“与柏林共存亡”。他下令军事机关的所有参谋和文职人员都毫无例外地参加战斗，并决定对按兵不动的指挥官要在5小时内处决，对退却的官兵不仅要处死，还要在他们的尸体上挂起“逃兵”“胆小鬼”“他背叛了国家、玷污了德意志民族”的牌子示众。

4月20日下午3时，白俄罗斯第1方面军编制内的第3突击集团军第79军的远程炮兵首先向柏林开炮。经过近一天的战斗，柏林接近地的德军防线被突破。德军防御部队在先前的战斗中遭到惨重损失，已极度疲惫，无法阻挡占据优势的苏联红军的强大突击。

4月21日，近卫第2坦克集团军和第47集团军突破到柏林城下。由于道路狭窄，苏军调整战术，将坦克集团军和诸兵种合成集团军协同起来准备肃清残敌。同日乌克兰第1方面军的坦克部队也接近柏林防御圈。科涅夫将炮兵第10军、突击第25师、高射炮第23师加强给近卫坦克第3集团军，歼击航空兵第2军担任空中掩护。同日，苏军从后方调来了大口径要塞炮用于摧毁德军坚固据点，每发炮弹重量达到500千克，在后面13天的战斗中，要塞炮共发射约180万发炮弹，战斗到了空前惨烈的地步。

4月26日清晨，在柏林上空，苏军数千架飞机再一次投下了成千上万吨的炸弹和汽油弹。在地面上，平均每千米已部署到近千门的各种火炮集中射击，柏林转眼间成了一个昏暗的世界。轰炸和射击结束后，朱可夫的白俄罗斯第1方面军派出无数个突击群和突击分队，从四面八方向市区突进。由于有了斯大林格勒的经验，苏军战士们知道如何去攻占一个城市。苏军在进攻前首先用火炮和飞机对目标地域进行轰击，步兵在坦克和配有喷火器和爆破器材的工兵掩护下，一小段一小段地前进，从后院、地下室甚至地下铁道和下水道渗透进去，攻占每一条街道、每一座楼房。但柏林是德军精心设防的城市，防御体系完整，工事非常坚固。越是接近市中心，苏军前进越艰难。坚固的楼房、隐蔽的地下室、地下铁道、排水沟壕等，都为德军提供了发扬火力的支撑点。因此，苏军不得不逐栋楼房争夺，逐条街道攻取，每前进一步都要付出很大的代价。

四、战争落幕

此时希特勒仍在做不切实际的幻想，他对柏林守备司令魏德林说："局势会好转的，我们的第 9 集团军即将到达柏林，同第 12 集团军一起，对敌人实施反突击，俄国人将在柏林遭到最惨重的失败。"一向对希特勒"报喜不报忧"的德军将领，没有让他们的元首知道，部署在柏林东南的布施将军指挥的第 9 集团军已被苏军分割包围了，无法向柏林运动。在柏林西南防守易北河的第 12 集团军，由温克将军率领拼命向柏林靠近，但终因受到美军的牵制和苏军的阻击，在进至费尔希地域后就再也前进不了了。几乎与世隔绝的希特勒，呆在总理府的地下暗堡里，不清楚上述情况，仍不断地发出由他签署的无线电报，调兵遣将。实际上，一些将领已不再那么坚决地执行他的命令了。

4 月 27 日，苏军已攻入柏林市的第 9 区，凯特尔才给柏林打来一个道出实情的电报，电报承认第 12 集团军不能继续前进，第 9 集团军也无法突出合围。希特勒最后一线希望破灭了。柏林守备司令魏德林向希特勒提出了守军从首都突围的计划，并保证“国家元首安全撤离柏林”，他还报告说，弹药只够两昼夜了，粮食和药品几乎告罄。陆军总参谋长克莱勃斯将军支持魏德林的突围建议，认为从军事的观点看，这个计划是有可能实现的。但是，希特勒意识到他已彻底输掉了这场由他发动的战争，他拒绝离开柏林，他要在这里坚持到他生命的最后一刻。

4 月 28 日，白俄罗斯第 1 方面军所属的第 3 突击集团军和近卫第 8 集团军逼近了柏林的蒂尔花园区。这个花园区是柏林守军最后一处支撑点，由于该阵地有政府办公厅、国会大厦、最高统帅部等象征第三帝国权力的最高首脑机关，所以，柏林守备司令部把党卫军最精锐的部队部署在这里。崔可夫上将指挥的近卫第 8 集团军首先向该阵地发起了进攻，当天下午跨过了兰德维尔运河，占领了德军的通讯枢纽，掐断了柏林与外界的主要通讯联络。深夜，第3突击集团军在库兹涅佐夫上将的指挥下向国会大厦外围的内务部大楼发起强攻，德军进行着绝望却又是最顽固的抵抗，战斗一直持续到29日深夜，在守敌几乎全部阵亡的情况下，这座大楼才被苏军攻占。

苏军攻占国会大厦的战斗还在激烈地进行着，第3突击集团军第150步兵师是最接近国会大厦的部队。30日下午6时，苏军士兵又一次向这座大厦发起冲击。盘踞在这里的近2000名德军，不愧是第三帝国的“御林军”，他们的顽强抵抗，使苏军每前进一步都付出了惨重的代价。在血战中，即使苏军占领了大厦下面的楼层，在上面楼层守备的德军也不肯投降，苏军只好一层楼一层楼地与守敌搏斗，在大厦的任何一角，都在进行激战。苏军靠着源源不断涌进大厦内的强大兵力，才逐一粉碎了守敌的抵抗。21时50分，苏联英雄米哈伊尔·耶果罗夫中士和麦利唐·坎塔里亚下士将苏联的红旗插上了国会大厦主楼的圆顶。

30日深夜，德军通过广播请求临时停火，要求与苏军进行谈判。5月1日凌晨3时55分，德国陆军总参谋长克莱勃斯将军打着白旗钻出帝国办公厅的地下掩蔽部，前往苏近卫第8集团军的前线指挥所谈判，克莱勃斯对崔可夫说：“我想告诉您一件绝对机密的事，您是我通报此事的第一位外国人，希特勒已于昨天自杀了。”克莱勃斯接着要求苏军先停战，然后等到德国组成新的政府后再进行谈判。崔可夫立即用电话将情况向朱可夫作了报告。十几分钟后，斯大林从莫斯科发来了最高指令：“德军只能无条件投降，不进行任何谈判，不同克莱勃斯谈，也不同任何其他法西斯分子谈。”9时45分，朱可夫根据斯大林的指示精神，代表苏军向柏林德军发出最后通牒：德军必须彻底投降，否则苏军将在10时40分对德军实施最后强攻。崔可夫让克莱勃斯把这份通牒带回给戈培尔等人，戈培尔见到通牒后，知道没有任何讨价还价的余地了，傍晚便与妻子及6个孩子自杀了。

5月2日7时，德军柏林城防司令官魏德林上将前往崔可夫的前沿指挥所，签署了投降令。至中午时分，柏林剩余守军约15万人全部投降。至此，苏德战争最后一次决战——柏林会战结束。此役苏军共歼灭德军100万人，俘虏48余万人，摧毁和缴获坦克和自行火炮1.2万余辆，摧毁和缴获飞机6000余架，摧毁和缴获各种火炮2.3万门。而苏军也付出了30万人伤亡的代价。

1945年5月9日，受希特勒继承人邓尼茨的委托，德军最高统帅部代表凯特尔元帅、什图姆普弗上将、弗雷德堡海军上将在柏林军事工程学院的食堂大厅内，向苏联及其盟国正式签署了无条件投降书，第二次世界大战欧洲战场终以同盟国的彻底胜利而告结束。

26 罪有应得
——核击日本

◇

蒂贝茨驾机于8时12分飞抵离目标约24千米的预定投弹识别点，未遇炮火袭击，也没有敌机起飞拦截。他们俯瞰广岛，只见工厂上空青烟袅袅，水面上船舶蠕动。就在这个瞬间，他们找到了预定瞄准点——广岛市中心的“T”字形大桥。

“注意，戴上防护镜，各就各位，做好最后准备。”蒂贝茨提醒他的同伴。8时15分，他们抵达目标瞄准点上空。观测机上的测量操作手做好了测量准备，原子弹载机上的投弹手向各机发出了30秒投弹准备信号，并打开了弹舱门。信号一结束，“小男孩”跳出弹舱。此时，斯韦尼少校在蒂贝茨的右翼，间隔至多10米。他亲眼目睹“小男孩”跳舱的身影，心想：“它自由了，像一只断了线的风筝，不管它工作与否，无法挽回了。如果工作正常，它可能将战争结束。"蒂贝茨和他的同伴们做完一切后，赶紧调转机头，加速撤离现场。

"小男孩"像一个幽灵，徐徐下降。53秒后，它突然凶相毕露，一声惊天动地的巨响，广岛上空出现了一个五光十色、光芒四射的火球，随之巨大的蘑菇烟云冲天而起，整个广岛城被吞没了。

一、核武现世

1945年8月，美国投到日本广岛的那颗原子弹（代号叫"小男孩"）采用的是枪式结构，弹重约4100千克，直径约0.71米，长约3.05米。核装药为铀235，爆炸威力约为1.4万吨梯恩梯当量。美国投于日本长崎的那颗原子弹（代号叫"胖子"），采用的是内爆式结构，以钚239作核装药。弹重约4500千克，弹的最粗处直径约1.52米，弹长约3.20米，爆炸威力估计为两万吨梯恩梯当量。

1945年5月8日德国投降后，日本依然在太平洋战场上负隅顽抗。7月16日，美国第一颗原子弹爆炸成功。此时，以美国陆军部长史汀生为首的临时委员会和参谋长联席会议认为：虽然日本败局已定，但其陆军在本土尚有两三百万人，在中国还有同样数量的兵力，其空军尚存各型飞机6000—9000架，而且日本大本营正在积极准备“本土决战”，美军登陆日本将付出巨大的代价。如果美国使用原子弹迫使日本丧失抵抗意志，不待美军登陆就投降，则可避免50万美国人丧生。于是，史汀生与临时委员会一起向杜鲁门总统提出建议：尽快用原子弹轰炸日本具有军事和非军事双重性的目标。核突袭的具体目标拟定为广岛、长崎和小仓。杜鲁门思量再三，终于采纳了史汀生的建议，决定对日本进行核突袭。于是，美国陆军航空兵的核突击部队——第509混合大队被派往太平洋的提尼安岛执行这次非同寻常的任务。第一次原子弹突袭以广岛为主要目标，小仓和长崎为预备目标；第二次以小仓为主要目标，长崎为预备目标。

二、首袭广岛

1945年7月25日，美国当局下达了作战指令：8月3日以后，只要气象条件允许目视轰炸，第509大队即可开始对日本投掷第一颗原子弹。

8月1日，准备执行原子弹突袭任务的B－29机组人员进行了最后一次演习。8月2日，第20航空队司令特文宁中将下达作战指令，命令7架B－29型轰炸机组成突击队，执行“13号特别轰炸任务”，对日本实施首次原子弹突袭。其中一架为载有原子弹的轰炸机，由大队长蒂贝茨上校亲自驾驶；一架为装有精密测量仪的观测机，由中队长斯韦尼少校驾驶；一架装有高级照相机的侦察机，由马夸特上尉驾驶；3架担任直接气象侦察任务，提前抵达目标区上空。另外，还有一架B－29作为原子弹载机的备份机，在硫磺岛机场待命。

8月6日凌晨，3架先遣气象侦察机提前一小时从提尼安基地升空，分别飞抵广岛、小仓、长崎上空。蒂贝茨上校驾驶“埃诺拉·盖伊”号，于当地时间 2 时 45 分起飞，斯韦尼少校和马夸特上尉驾机尾随其后。“埃诺拉·盖伊”号安全升空后，随机核武器专家帕森海军上校从座舱爬进弹舱，给代号“小男孩”的核弹安装“枪法”引爆装置，使它进入了战斗状态。飞机以每小时 300 千米的巡航速度，在无战斗机护航和严格无线电静默的情况下，于 5 时 45 分飞抵硫磺岛上空，组成三角形编队，向西北方向继续飞行。两个多小时后，它们爬升至一万米高空，以每小时 525 千米的航速，神不知鬼不觉地向日本飞去。

上午 7 时 09 分，广岛地区日军第二军总司令部发出警报，美军侦察机迅速离去，7 时 30 分解除警报。广岛市内车来人往，络绎不绝。就在这人们感到太平无事的时刻，蒂贝茨上校接到前方气象侦察机发回的电讯，广岛上空的云量为“二”，“目标清楚”，完全适于目视轰炸预订的主要目标。他当机立断，实施原计划第一方案：轰炸广岛。

几分钟后，“埃诺拉·盖伊”号从离原子弹爆炸 24 千米处，悄

悄返航。马夸特上尉驾着侦察机等了一会儿，拍完了几个惊心动魄的镜头——世界军事史上第一次核战争的照片后，也返航了。归途中，核武器专家帕森海军上校向正在提尼安基地的“曼哈顿工程”副指挥官法雷尔准将发了一份密电：“目视一清二楚，突袭圆满成功，投弹后机上情况正常，现正在向基地返航。”

蒂贝茨上校驾着“埃诺拉·盖伊”号，首先在提尼安基地北机场着陆。他带着全体机组人员走下飞机，向等候在这里的陆军战略空军司令斯帕茨上将行了个军礼：“报告将军！我们完成任务回来了！”斯帕茨随即给他挂上“服役优异十字勋章”。

次日凌晨，即原子弹突袭16小时后，杜鲁门总统发表声明，警告日本政府，“这是原子弹”，并敦促日本政府无条件投降，否则将遭到“来自空中的毁灭”。美国武装部队电台马上对日广播：“原子弹已把广岛摧毁，更多的原子弹将接踵而来”，并向日本空投了数百万张传单，向日本发出警告：美国最新研制成功的“一颗原子弹的威力就相当于2000架B-29巨型轰炸机执行一次任务所携带炸药的威力”，“你们赶快结束战争”，否则“我们将坚决使用这种炸弹和所有其他超级武器来加速结束战争”。

8月7日和8日，美国第21轰炸航空兵联队司令李梅将军先后追加了152架和375架B-29轰炸机，对日本城市发起更猛烈袭击，但日本政府仍无意投降。

三、再毁长崎

为此，美国当局决定8月9日对日本实施第二次原子弹袭击，目标选定为长崎。此次任务由5架B-29轰炸机组成的突击队执行，密码代号为“16号特别轰炸任务”。斯韦尼少校驾驶载有原子弹的“博克斯卡”号轰炸机，机上增加3名核武器专家，负责原子弹引爆系统的安全保险工作；博克上尉驾驶“大技师”号观测机，《纽约时报》

记者劳伦斯随机负责报道工作；霍普金斯中校驾驶“大斯廷克”号照相侦察机；88号飞机和95号飞机负责气象侦察任务。

第二颗原子弹代号叫“胖子”，采用复杂的“内爆法”引爆系统，由气压、定时、雷达和冲击4个不同引信组成。这种引爆系统不能在空中安装，必须在执行任务之前，在地面的一个特殊的绝密车间里，由几个专家合作组装。这就意味着，斯韦尼少校的“博克斯卡”号飞机必须载着安装好引爆系统的“活钚弹”上天，万一起飞时发生重大事故，提尼安岛就会变成美国的“广岛”而被从地球上抹掉。

此前，为确保万无一失，美军当局决定事先举行一次“胖子”模拟弹空投演习。8月8日9时左右，斯韦尼少校驾驶“博克斯卡”号带着一颗水泥重配弹“南瓜”，从提尼安岛外海的2400米空中爬升到一万米高空。机上的投弹手模拟次日投掷“胖子”的程序，把“南瓜”从弹舱里弹了出去。“南瓜”按预定弹道落至600米高度，引信爆炸了。一个小时后，专家们一致评定，演习成功。美国当局决定按原计划行动。

8月9日，当地时间2时56分，斯韦尼少校驾机载着完全处于战备状态的“胖子”，从提尼安基地起飞，博克驾侦察机尾随其后。正当霍普金斯中校驾机滑向跑道时，他突然发现随机照相专家瑟贝博士没带降落伞，便勃然大怒：“给我下飞机”。瑟贝博士下机后眼巴巴地望着“大斯廷克”号腾空而起。

10时50分，他们飞临长崎上空，发现在1800—2400米高度，云量为“八”，只能进行雷达轰炸。几分钟后，他们从西北方向进入投弹识别点。30秒钟的投弹信号响了，弹舱门“咯嗒”一声打开。就在20秒钟时，投弹手目光穿过云层裂隙，看到下面不是第一个轰炸目标——三菱重工业公司长崎造船厂，而是第二个轰炸目标——三菱重工业公司长崎兵器制造厂，便立即改用目视轰炸，于当地时间10时58分将“胖子”投出了舱外。弹舱门“咯嗒”一声锁上了，斯韦尼立即驾机飞离现场。“胖子”跳出弹舱后，穿云直下，于当地时间11时01分在离地500米空中爆炸了，顿时形成了一个闪烁的火球。

在长崎投掷的原子弹爆炸后形成的蘑菇状云团，爆炸产生的气流、烟尘直冲云天，高达约20千米。

机上所有人员都看到了这个形如“胆囊”的火球悬在长崎上空，从“胆心”向上喷出沸腾的“胆汁”，形成一条巨大的彩虹。几分钟后，机上人员从20千米外看到一个擎天蘑菇烟云，吞没了整个长崎城。斯韦尼下令赶紧拍下这罕见的场景。

当长崎蘑菇烟云以惊人的速度从7千米升到1.4万米高空时，

斯韦尼上校向提尼安基地发出报告："袭击长崎，效果良好。"返航途中，由于与提尼安基地失去通讯联系，加之飞机燃料不足，斯韦尼驾机在冲绳美军机场紧急着陆。

美国用原子弹突袭广岛和长崎造成了巨大的毁伤。广岛市区80%的建筑化为灰烬，6.4万人丧生，7.2万人受伤，伤亡总人数占全市总人口的53%。长崎市60%的建筑物被摧毁，伤亡8.6万人，占全市总人口的37%。

1945年8月15日，在长崎遭受原子弹轰炸的第6天，日本终于宣布无条件投降，第二次世界大战至此降下帷幕。

战后，日本对这次遭受原子弹的袭击耿耿于怀，称自己是原子弹的受害者，广岛、长崎为这场战争中不幸的城市。可是日本不应忘记，世界上还有更不幸的城市——南京，兽性大发的日本兵使这座无辜的城市血流成河，呜咽的扬子江为30万白骨招魂。日本不应忘记，世界上还有更不幸的国家——中国，在日本发动的侵华战争中，2000多万中国人被日军杀害，男人被拉到日本当劳工，女人被拉到兵营作军妓，而这一切正是包括广岛、长崎在内的日本所为！

原阳 编著

二战传奇

THE LEGEND OF THE SECOND WORLD WAR

山西出版传媒集团
山西教育出版社

图书在版编目（C I P）数据

二战传奇/原阳编著. —太原：山西教育出版社，2014.1
(2017.3 重印)
ISBN 978 - 7 - 5440 - 6632 - 7

Ⅰ. ①二…　Ⅱ. ①原…　Ⅲ. ①第二次世界大战 - 史料
Ⅳ. ①K152

中国版本图书馆 CIP 数据核字（2013）第 254502

二战传奇
ERZHAN CHUANQI

责任编辑　郭志强
复　　审　薛海斌
终　　审　刘立平
装帧设计　薛　菲
印装监制　贾永胜

出版发行　山西出版传媒集团·山西教育出版社
（太原市水西门街馒头巷 7 号　电话：0351 - 4035711　邮编：030002）
印　　装　山西人民印刷有限责任公司
开　　本　890 × 1240　1/32
印　　张　8.5
字　　数　194 千字
版　　次　2014 年 1 月第 1 版　2017 年 3 月山西第 4 次印刷
印　　数　13 001—16 000 册
书　　号　ISBN　978 - 7 - 5440 - 6632 - 7
定　　价　18.00 元